쉬운 EASY
베스트 하농 60

일신서적출판사

머리말

최근에 와서는 피아노를 배우는 일이 보편화되었습니다. 뛰어난 피아니스트가 많이 배출되었기 때문에 웬만큼 치는 정도는 그리 문제가 되지 않습니다. 때문에 약간 어려운 곡을 친다거나 아마추어들의 모임에서 연주할 정도의 실력을 쌓으려 해도 8년에서 10년은 공부를 해야 할 수밖에 없게 되었습니다. 그러나 오랜 세월을 끈질기게 노력하는 사람도 매우 적을 뿐 아니라, 배웠다 해도 연습 부족으로 부정확한 연주를 하는 안타까운 장면을 종종 보게 됩니다. 그 이유는 연습 부족이 되면 다소 템포가 빠른 부분에서는 왼손 무명지와 새끼손가락이 거의 제구실을 하지 못하고 말기 때문입니다. (특히 왼손 무명지와 새끼손가락은 열 손가락 중에 제일 약하므로) 또 옥타브나 트릴, 트레몰로가 나오면 대부분의 사람들은 고통과 피로를 느끼게 마련입니다. 그러므로 음이 부정확해지며 익스프레션(표정)도 없어지게 되는 것은 당연한 일입니다.

이러한 결점을 짧은 기간에 해결할 수 있는 연습 방법이 없을까 하고 나는 오랫동안 생각해 왔습니다. 그리하여 다음과 같은 문제를 해결하면 좋으리라는 것을 깨닫게 되었습니다.

즉 다섯 개의 손가락을 모두 고르게 연습하면 피아노곡은 어느 것이든 칠 수 있게 됩니다. 그렇다면 남은 문제는 손가락을 놀리는 방법뿐인데, 이것만 쉽게 해결될 수 있다면 문제는 완전히 해결할 수 있다는 가정 아래 다음과 같은 목적을 정해 놓았습니다.

1. 손가락을 놀리기 쉽게 할 것
2. 손가락을 제각기 독립시킬 것
3. 손가락의 힘을 기를 것
4. 각 손가락의 힘을 고르게 할 것
5. 손목을 부드럽게 할 것
6. 훌륭한 연주에 꼭 필요한 특별한 연습은 모두 넣을 것
7. 왼손도 오른손과 마찬가지로 자유롭게 되도록 할 것

이외에 불필요하거나 특히 무미건조하고 따분한 감을 느끼게 하는 것들을 제거하는 것도 중요한 일로 생각되어, 그런 점을 감안해서 여기에 "명피아니스트가 되는 60 연습곡"이라는 한 권의 책을 엮어 내게 되었습니다.(이 중 몇 곡은 다른 교본에도 있음.)

이 연습곡은 처음 보더라도 시간을 낭비하지 않고 누구든지 상당히 빨리 칠 수 있으므로 손가락을 위해서는 퍽 좋은 운동이 됩니다. 몇 대의 피아노로 동시에 칠 수도 있기 때문에 학생들에게 경쟁심을 일으킬 수도 있고 앙상블도 됩니다.

또 모든 "어려운 점"이 곡 중에 들어 있지만 곡에 따라 쉬운 것부터 점차로 어려운 것 순으로 편집되어 있으므로 배우기도 쉽고 손가락의 피로함도 덜어줄 것입니다.

이 곡의 배열은 "노력도 피로함도 없이" "메커니스틱(기계적)한 어려움"을 극복시키며 손가락을 놀랄 만큼 쉽게 움직일 수 있도록 해줄 것을 확신합니다.

이 공부는 피아노를 배우려는 사람들이라면 반드시 겪어야 할 코스입니다. 1년 정도밖에 피아노를 배우지 않은 사람도 이 연습곡으로 연습을 하면 빠른 진전이 있게 됩니다. 그리고 그 이상 배운 사람은 보다 짧은 시간으로 손가락이나 손목이 지금까지 느껴온 딱딱함을 벗어나 무엇이든지 유연하게 연주할 수 있게 됩니다.

 충분히 연습할 시간이 없는 바쁜 피아니스트나 교사들도 자신의 실력을 떨어뜨리지 않기 위해서 이 책으로 연습하면 손가락은 언제나 좋은 상태를 유지할 수가 있을 것입니다.

 이 한권은 1시간이면 칠 수 있습니다. 이 습관이 완전히 몸에 익혀지면 매일 짧은 시간 동안만 되풀이하더라도 "어려움"은 봄눈 녹듯이 사라지고 위대한 예술가의 비밀인 진주알같은 맑은 음색으로 세련된 아름다운 연주에까지 도달할 수 있을 것입니다.

 이 한권을 "피아노의 어려움을 푸는 열쇠"로서 여러분에게 바칩니다.

 피아니스트나 피아노교사 여러분께서는 피아노를 배우려는 학생들에게 이 책을 충분히 활용해주기 바랍니다.

Charles Louis Hanon

저자 소개

Charles Louis Hanon(샤를르 루이 하농)은 1820년 프랑스에서 태어나 교회의 오르가니스트, 피아노 교수로서 그 이름을 떨쳤으며, 이 책을 저술한 것은 로마의 폰티피칼 상트세실 음악원의 명예 작곡 교수 시절이던 것으로 추측됩니다.

 그의 저작으로는

① 초보자 피아노 교본(Methode Elementaire de Piano)

② 명피아니스트가 되는 60연습곡(Le Pianiste Virtuosite en 60 Exercises)

③ 대작곡가의 명곡 요약(Extrait des Chetfd'oeuvre des Grands Maitres)

④ 50 가곡집(50 Cantiques choisis)

 등이 있습니다.

 우리 나라에서는 ②가 많이 알려져 있으며, 「Hanon」이라고 하면 "손가락의 연습"이라 생각할 정도가 되었습니다. 그러나 하농은 이것은 손가락을 완전히 하기 위한 연습곡이고, 학생들의 음악 교육을 보충하고 향상시키기 위해서는 ③의 대작곡가의 명곡에서 인용한 아름다운 예제를 배워야 한다고 말하고 있습니다.

 이 "명피아니스트가 되는 60 연습곡"은 당시 각국에서 큰 반향을 일으켰으며 음악원의 교수들도 격찬을 아끼지 않았습니다. 그리고 1878년의 세계박람회에서 은메달을 수상했다고 합니다.

하농을 효과적으로 연습하기 위한 방법

● 리듬 공부와 손가락 훈련

다음은 제 1번 연습곡의 리듬을 변화시킨 22가지의 연습 방법입니다
이 연습은 리듬 공부와 손목을 부드럽게 하는 연습은 물론 각 손가락의 빠르고 고른 타건을 연습하는데 효과적입니다
하농에 있는 연습곡 중 1번~31번은 손가락 연습에 있어서 중요한 단계이므로 다음의 22가지 방법으로 연습하세요.

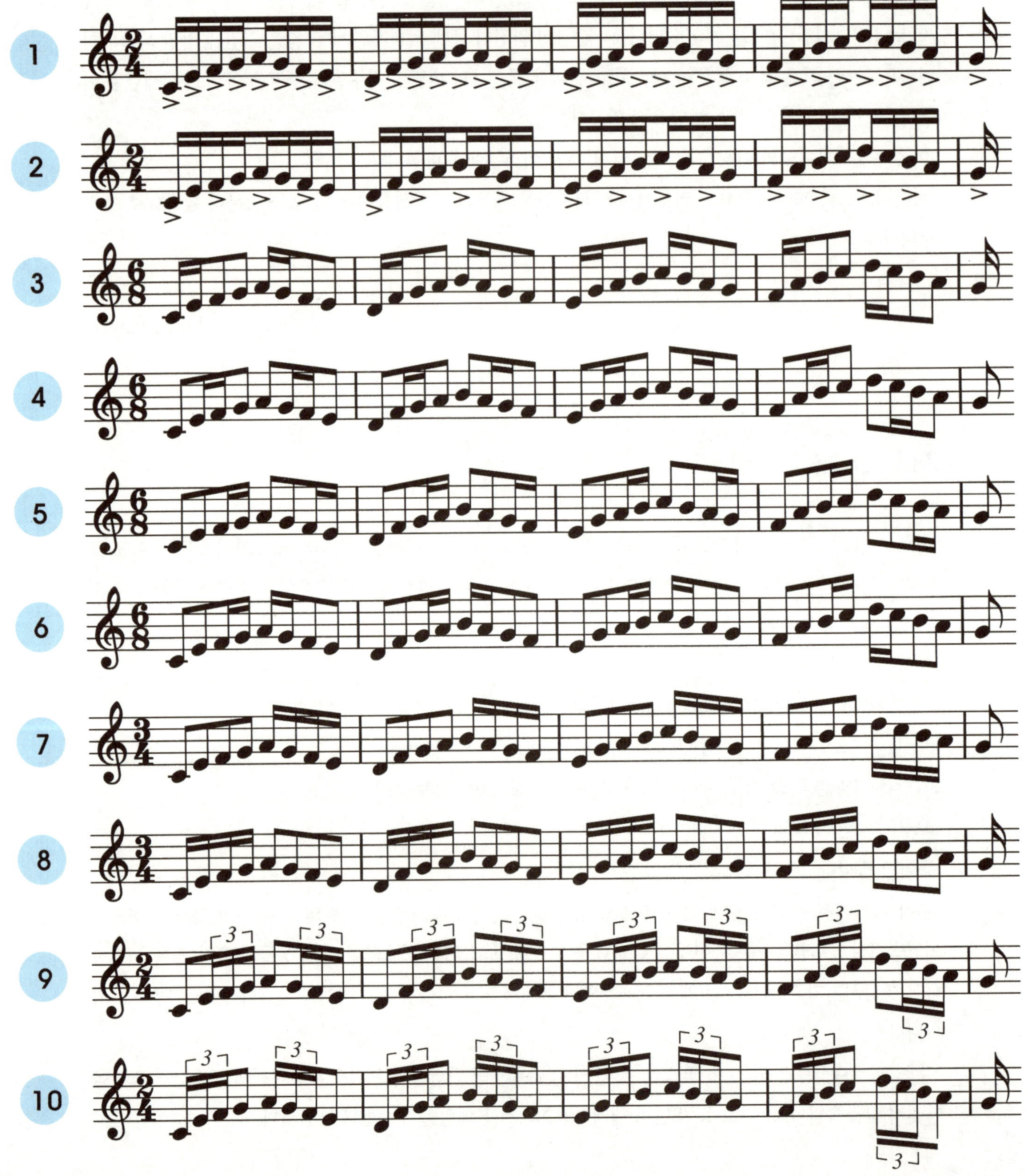

앞에서 제시한 22가지의 연습 방법을 손가락은 그대로 사용하면서 다음과 같이 연습하는 것도 장 · 단조의 감각을 익히는 데 효과적입니다

● 음계

모든 음계, 아르페지오, 딸림 7화음의 아르페지오 연습이 충분히 되면 다음과 같은 방법으로 연습합니다
일정한 빠르기의 1박에 1음~7음까지를 차례로 넣어서 연습하는 것으로, 파리 국립음악원의 베리오 교수로부터 호평을 받은 방법입니다.

<1옥타브> – 1박에 하나

<2옥타브> – 1박에 둘

<3옥타브> – 1박에 셋

<4옥타브> – 1박에 넷

<피아노의 전체 음역> – 1박에 일곱

- 아르페지오

<1옥타브> – 1박에 하나

<2옥타브> – 1박에 둘

<3옥타브> – 1박에 셋

<4옥타브> – 1박에 넷

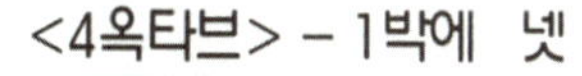

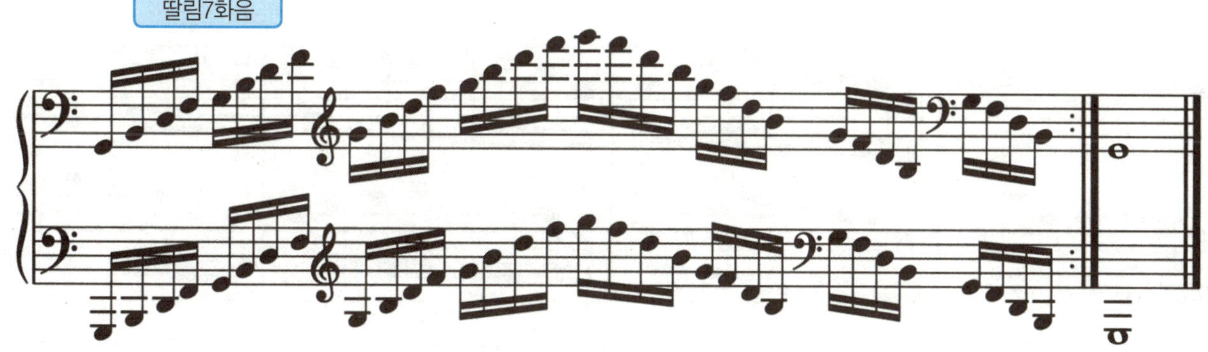

손가락을 빨리 움직이기 · 하나씩 독립시키기 · 힘을 기르기 · 힘을 고르게 하기 위한 연습

연습 목적

- 양손의 5-4번 손가락 벌리기 -

- 어느 음이든 똑똑하게 들리도록 손가락을 건반 깊숙이 눌러 정확하게 칩시다. 여기부터 20곡은 처음에는 메트로놈을 ♩=**60**으로 해서 연습하고, 자신이 생기면 ♩=**108**까지 점차 빠른 속도로 치세요.
- 올라갈 때는 왼손의 5-4번, 내려올 때는 오른손의 5-4번 손가락 사이를 벌려주기 위한 연습입니다. 처음에는 오른손과 왼손을 따로 연습하고, 그 다음 상행과 하행의 첫째 마디를 외워서 양손으로 칩니다.

손가락 벌리기에 주의하세요.

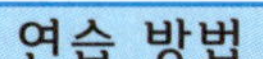
연습 방법

하행

▪양손의 3-4번 손가락 타건 연습▪

• 왼손 연습시 각 마디의 둘째 음을 4번 손가락으로 연주하기 쉬우므로
충분히 따로 연습하세요.

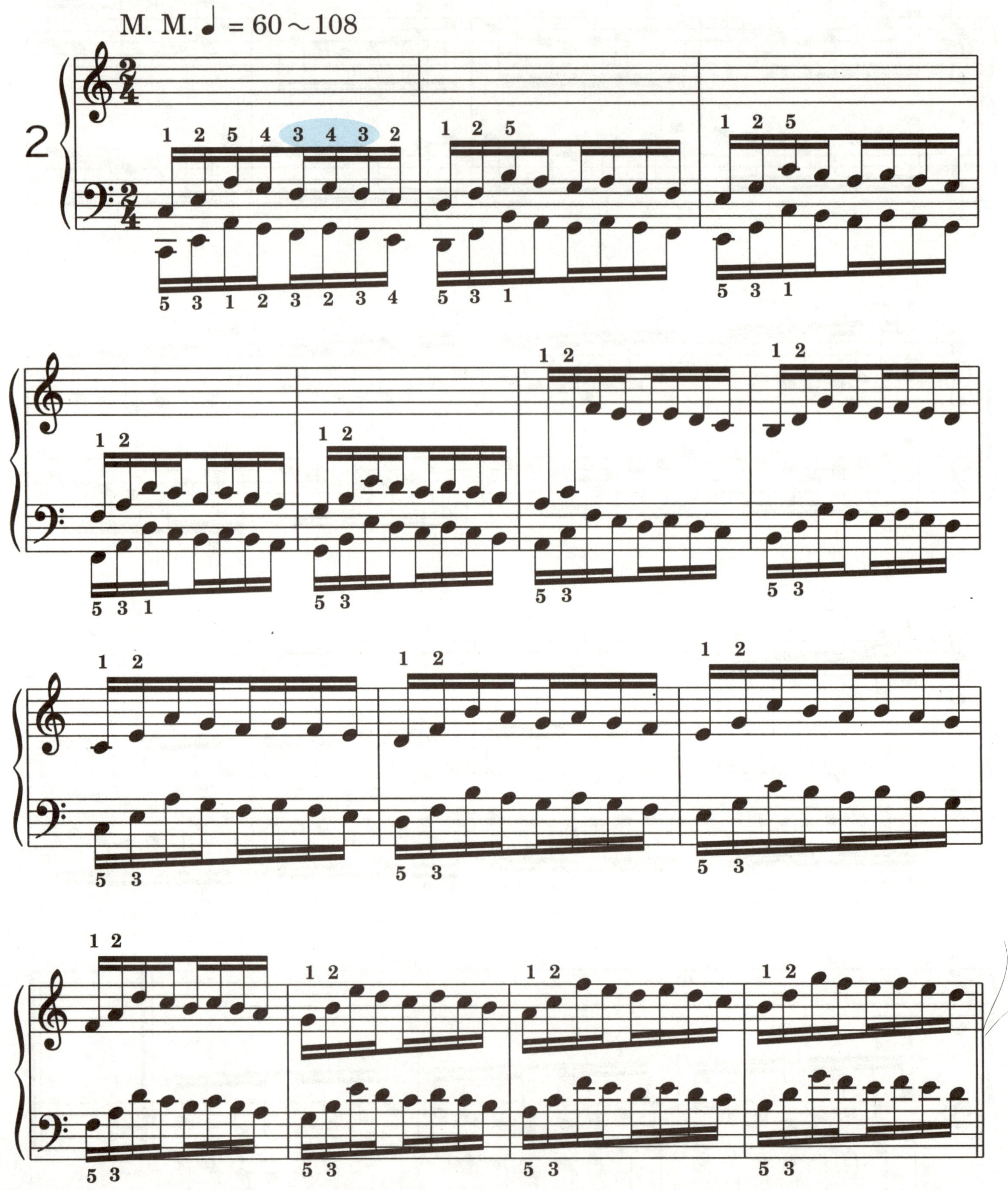

• 5 · 4번 손가락은 원래 약하지만 31번까지의 연습곡을 치고 나면 2 · 3번 손가락처럼 힘이 센 손가락이 될 뿐 아니라 자유롭게 움직일 수 있게 됩니다. 이 곡의 연습이 끝나면 1번과 2번을 연결하여 네 번 반복하세요.

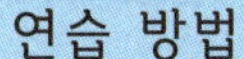

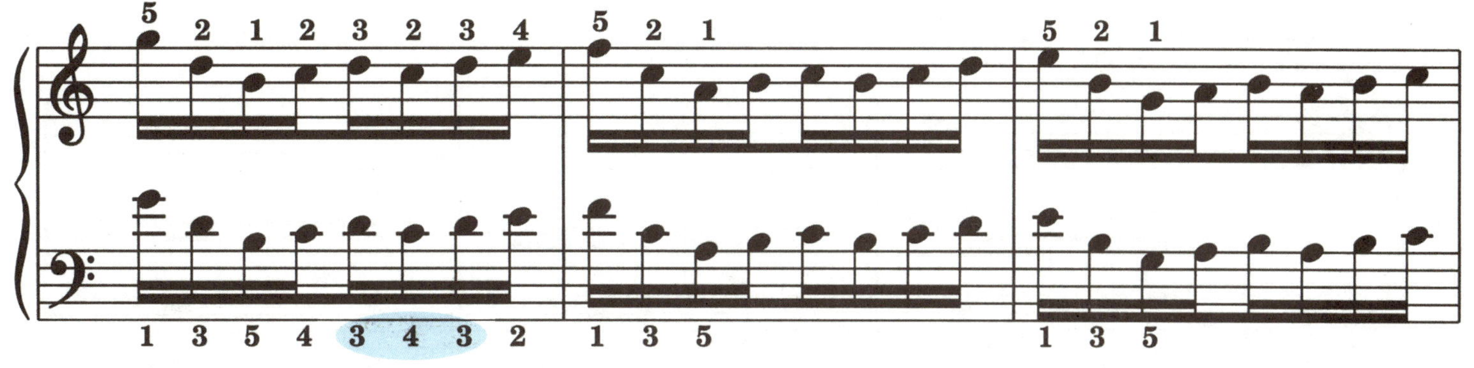

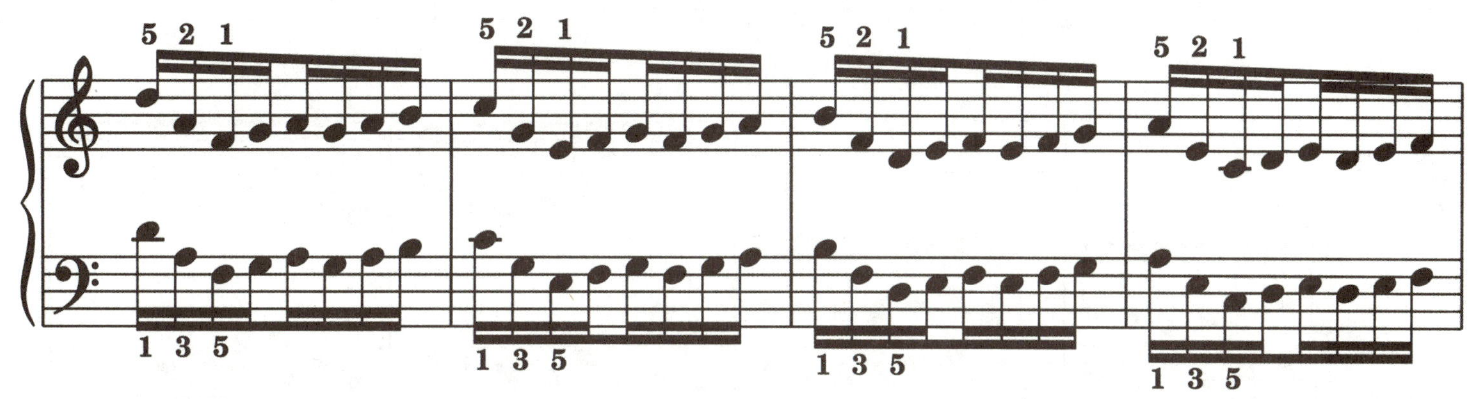

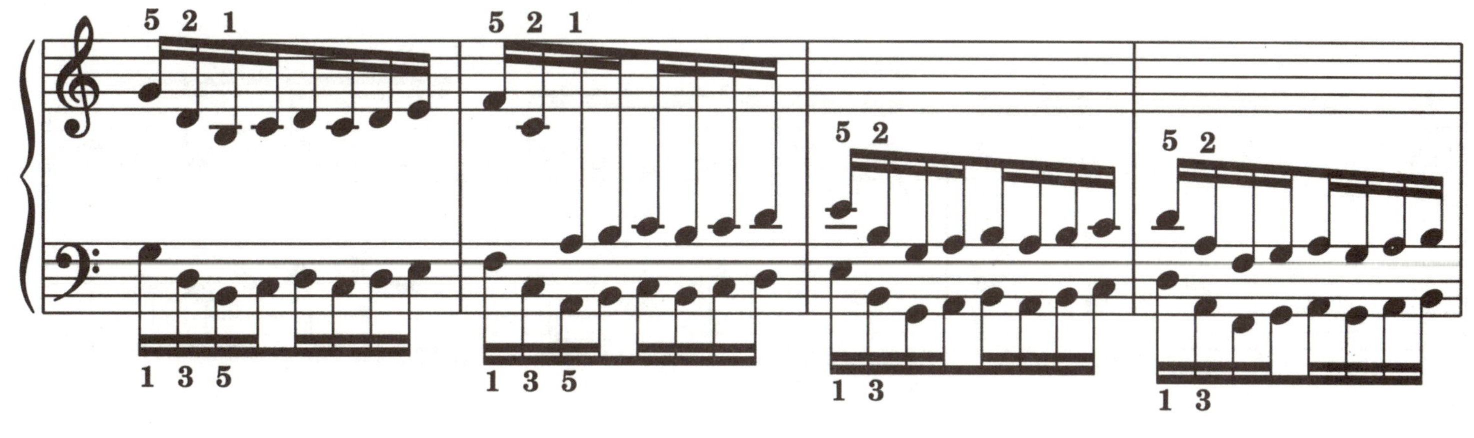

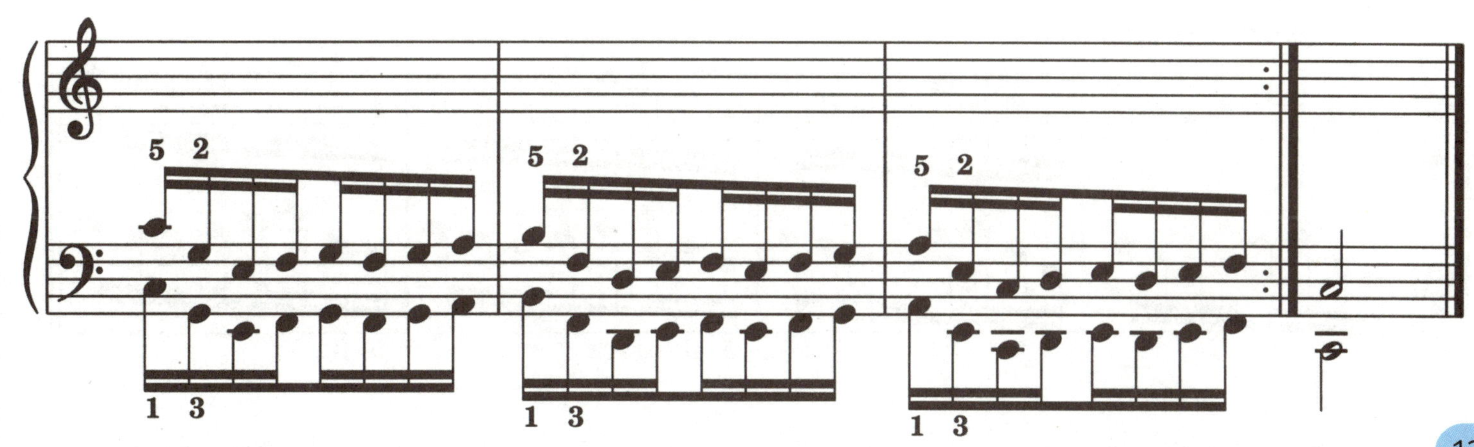

■ 양손의 2·3·4번 손가락 타건 연습 ■

- 2번의 연습곡과 비교할 때 둘째 박이 '파-솔-파-미'(∾)에서 '파-미-파-솔'(∽)로 바뀌었습니다.
- 연습이 잘 되면 ♩♩♩ ♩♩♩ 리듬 연습을 통해 4번 손가락의 힘을 기릅니다.

M. M. ♩ = 60～108

● 이 곡을 연습하기 전에는 반드시 1번과 2번을 계속해서 한두 번 치는 습관을 기릅니다. 3번을 잘 치게 되면 4, 5번을 함께 연습하고 그다음에는 3, 4, 5번을 연결하여 네 번 반복하세요.

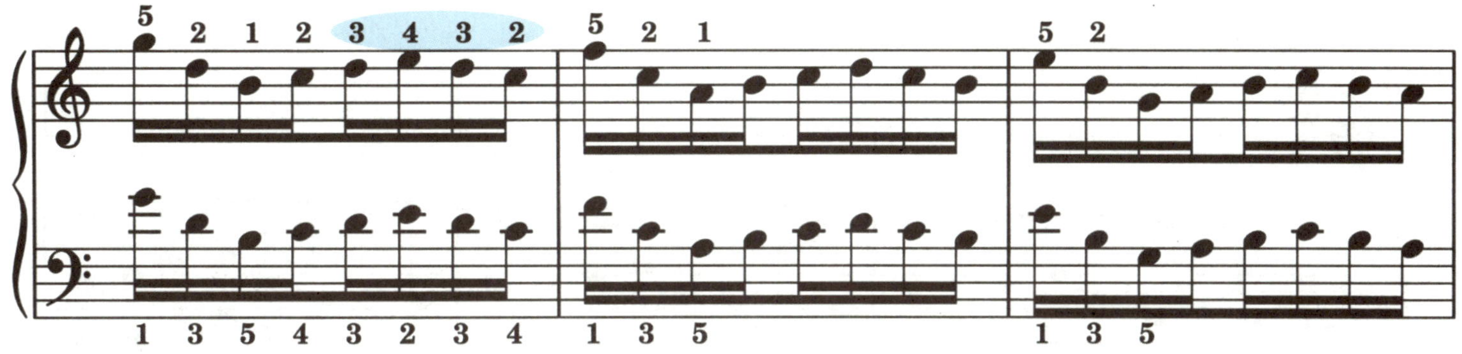

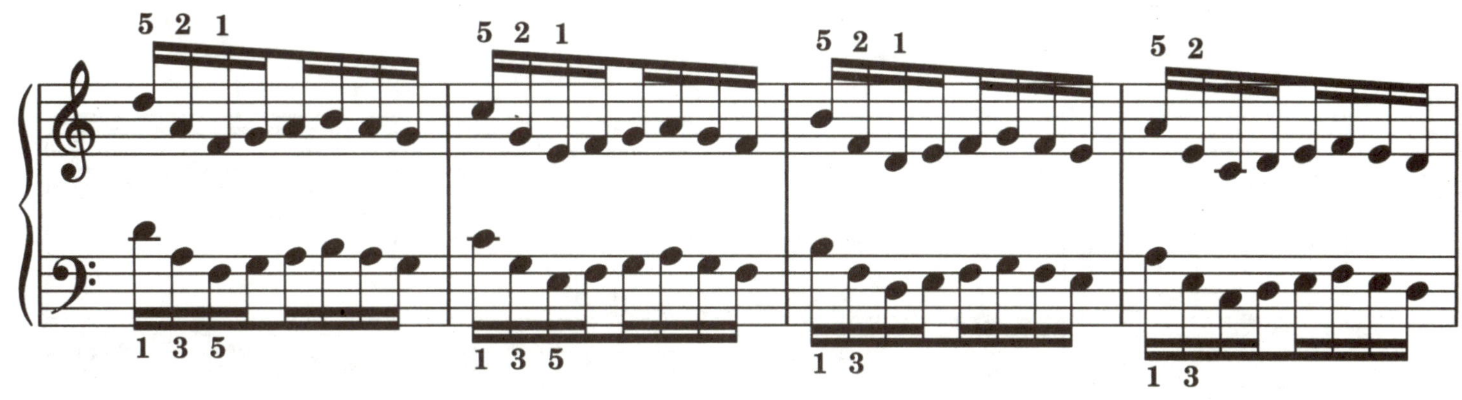

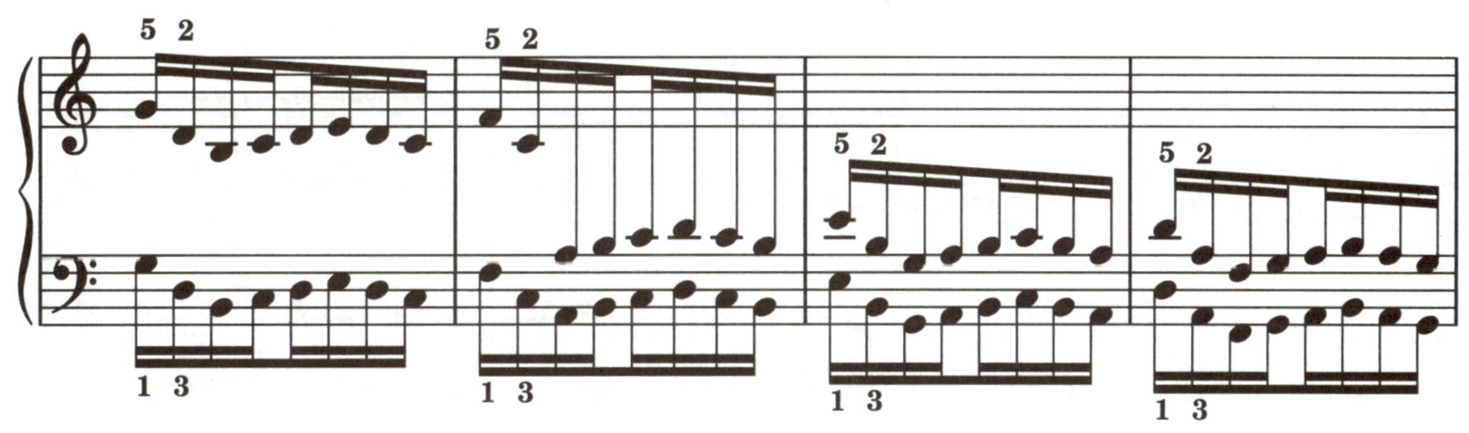

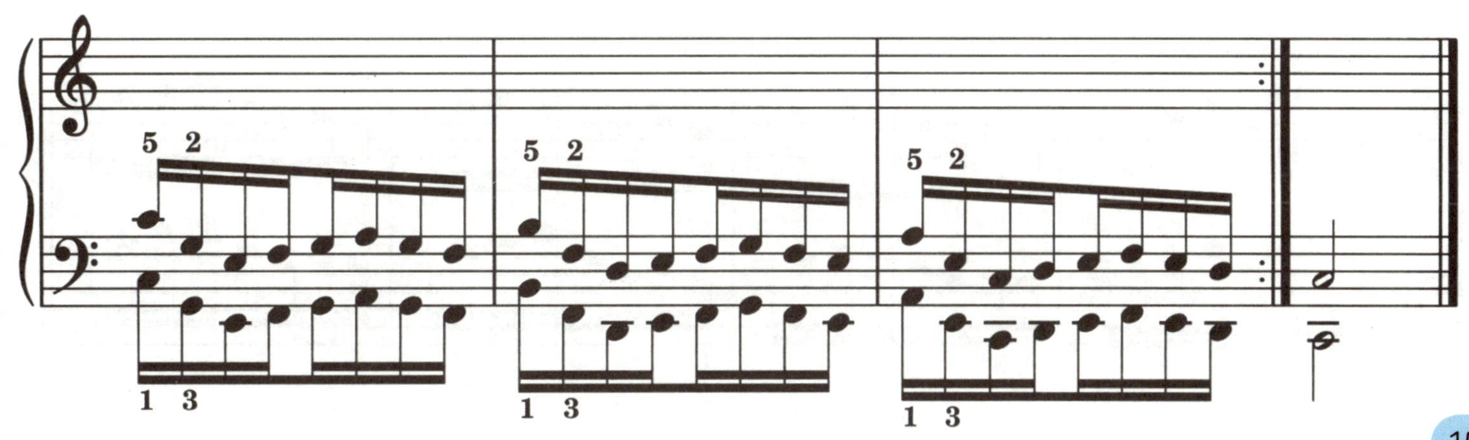

연습 목적

▪양손의 5-4번 트릴 준비 연습과 3・4・5번 손가락 연습▪

• 상행할 때는 셈여림을 ＜ ＞으로, 하행할 때는 ＞ ＜으로 연습합니다.

• 잘 되면 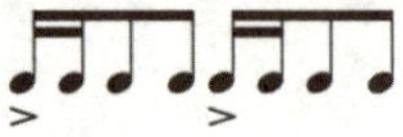 리듬 연습을 통해 트릴을 확실하게 연습합니다.

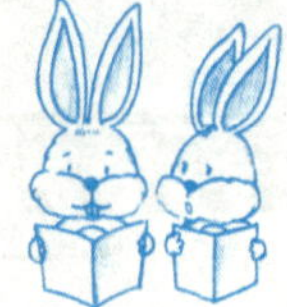

M. M. ♩ = 60～108

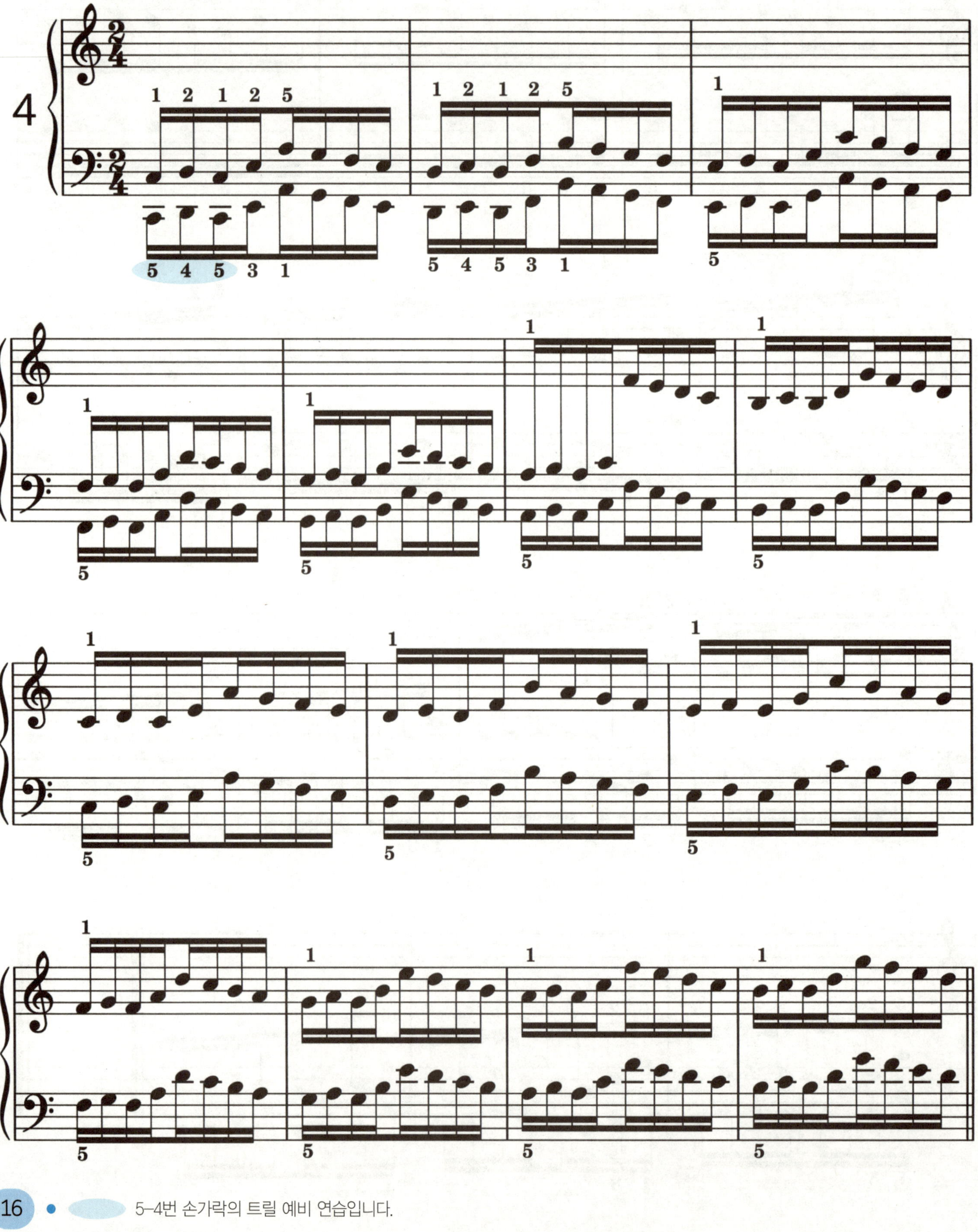

5–4번 손가락의 트릴 예비 연습입니다.

① 2/4
② 2/4
③ 2/4
④ 2/4
5 4 5 2 1
1 2 1 3 5
5 4 5 2 1
1 2 1 3 5
5
1
5
1
5
1
5
1
5
1
5
1
5
5
1
5
1
5
1
5
1
5
1
5
1

■ 오른손 트릴 준비 연습과 양손 다섯 손가락 타건 훈련 ■

• 손가락을 펴지 말고 세워서 건반 깊숙이 눌러야 명확한 소리가 납니다.
• 1-5번 손가락으로 연결될 때는 손목의 중심을 5번으로 하고, 5-1번으로
  연결될 때는 손목의 중심을 1번으로 합니다.

M. M. ♩ = 50〜72〜108

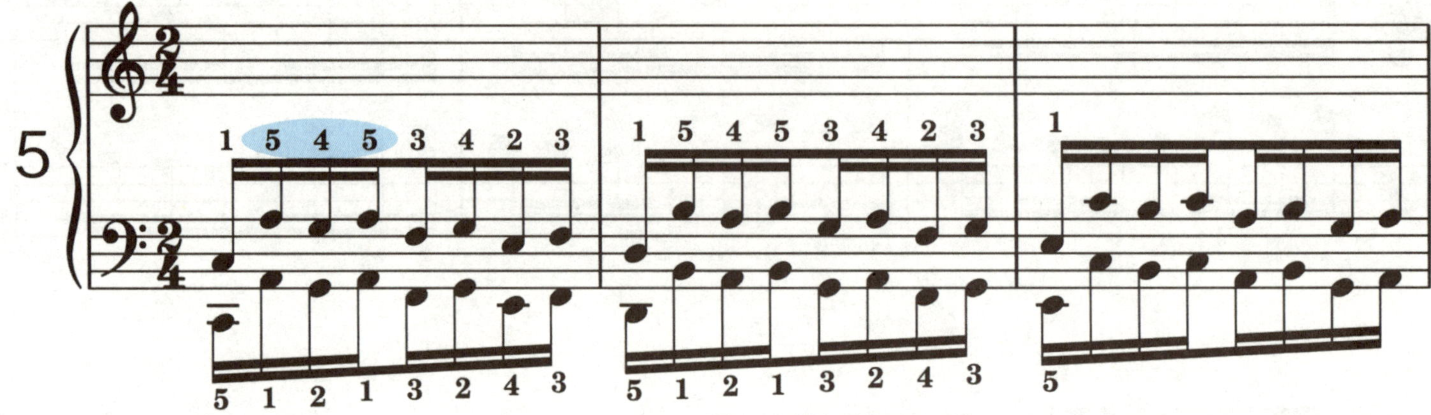

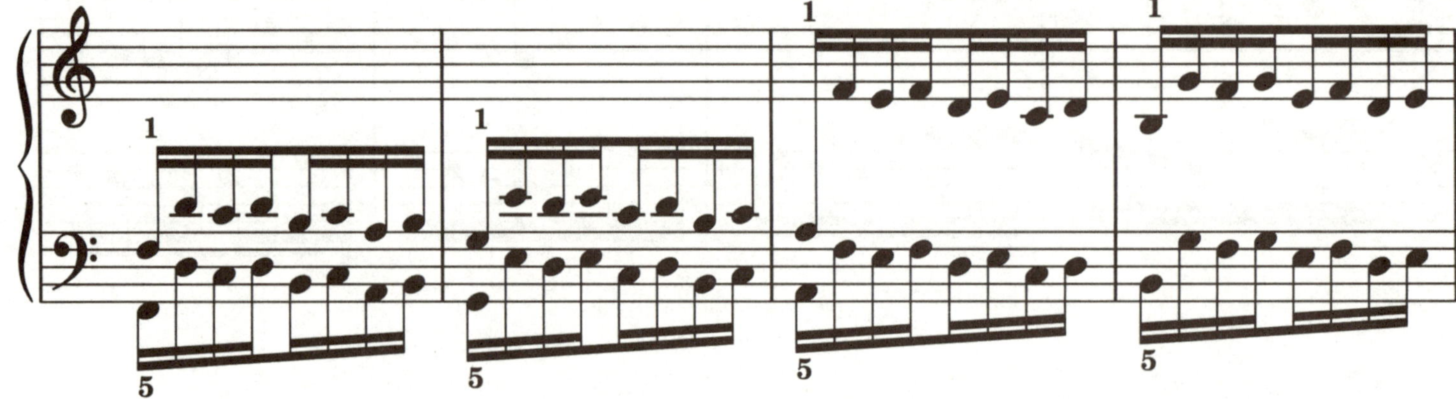

● 오른손 4-5번의 트릴 예비 연습입니다. 이 곡의 연습이 끝나면 3번, 4번, 5번을 연결하여 네 번 반복하세요.

연습 목적

5번 손가락의 정확한 타건 연습

- 5번 손가락으로 타건할 때 손목을 자연스럽게 좌우로 회전시켜 줍니다.
- 잘 되면 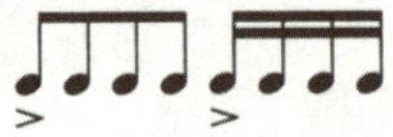 리듬 연습을 통해 5번 손가락의 정확한 타건을 연습합니다.

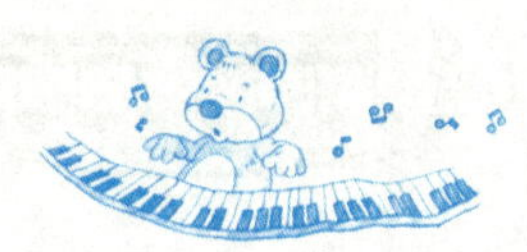

M. M. ♩ = 50 ~ 72 ~ 108

6

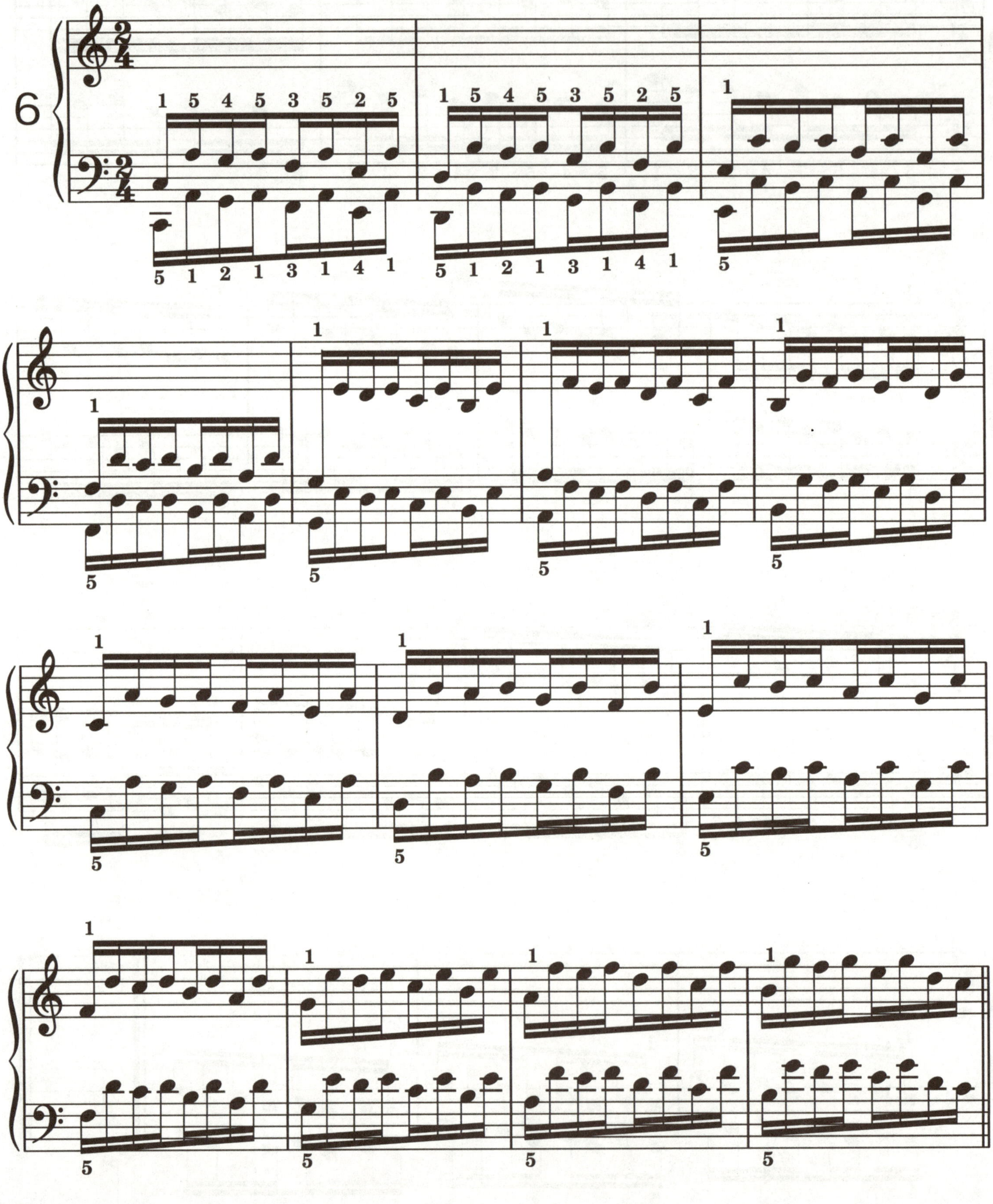

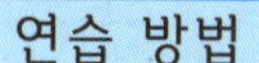

■ 3·4·5번 손가락의 정확한 타건 연습 ■
• 왼손의 상행 음계와 오른손의 하행 음계를 충분히 따로 연습한 후에
  양손 함께 연습하세요.

M. M. ♩ = 40〜72〜108

 • 손가락 쓰기에 주의하세요.

연습 방법

연습 목적

▪다섯 손가락의 정확한 타건 연습▪

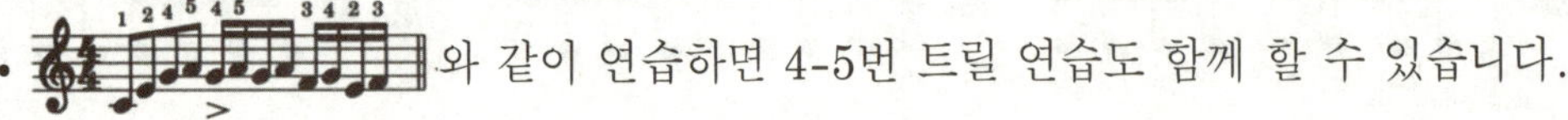

• 와 같이 연습하면 4-5번 트릴 연습도 함께 할 수 있습니다.

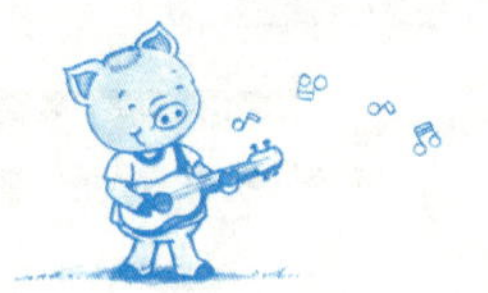

M. M. ♩ = 40～72～108

8

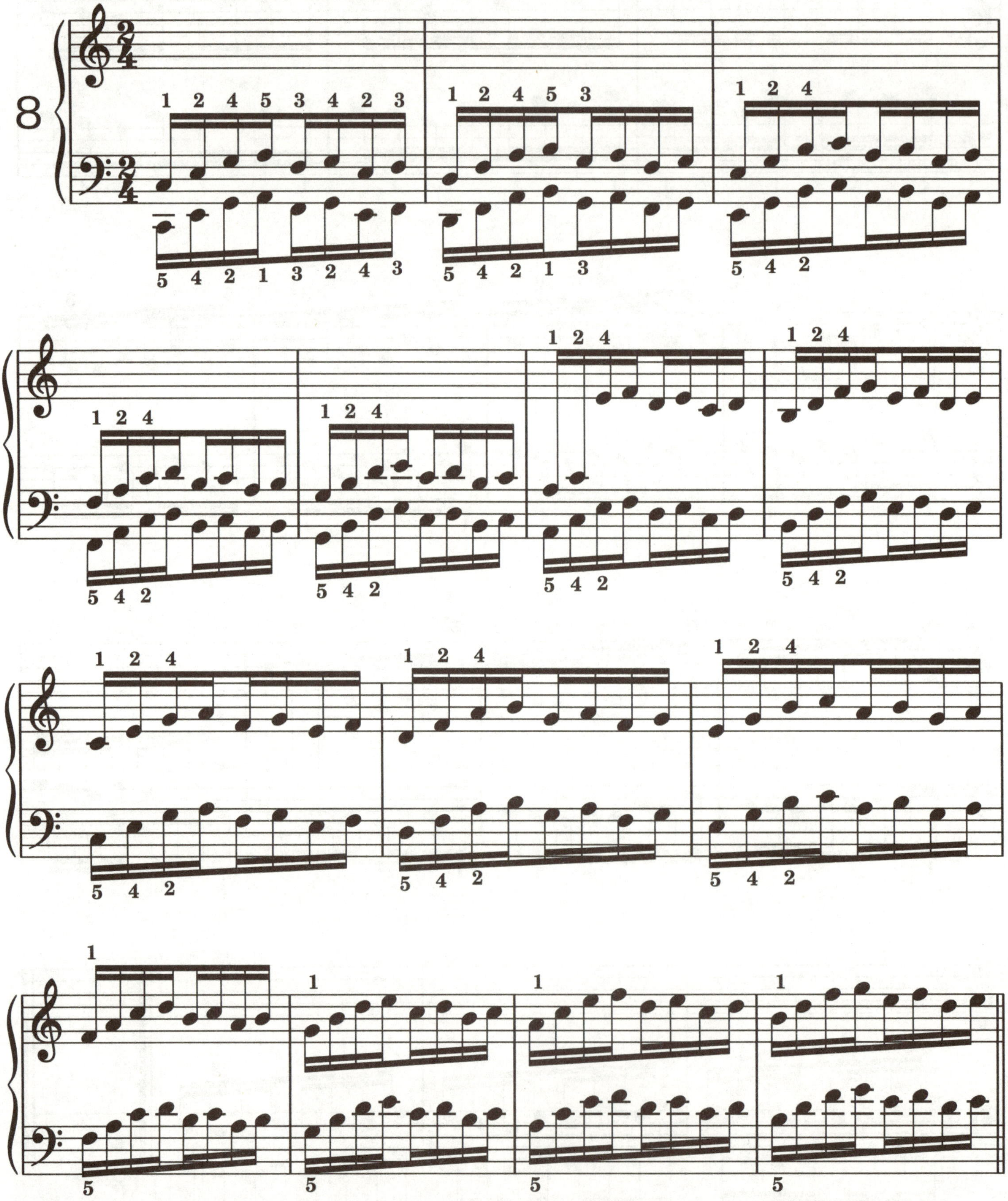

● 다섯 손가락을 위한 중요한 연습곡입니다. 이 곡의 연습이 끝나면 6번, 7번, 8번을 연결하여 네 번 반복하세요.

① ② ③ ④
5 4 2 1 3 2 4 3
1 2 4 5 3 4 2 3
5 4 2 1
1 2 4 5
5
1

■ 양손의 5-4번을 벌리는 다섯 손가락 타건 연습 ■

 와 같이 악센트를 붙여서 예비 연습을 해 보세요. 3·4·5번
손가락의 힘을 기르는 데 도움이 됩니다.

•5-4번 손가락을 벌릴 때 리듬이 늘어지지 않도록 주의합니다.

M. M. ♩ = 60〜80〜108

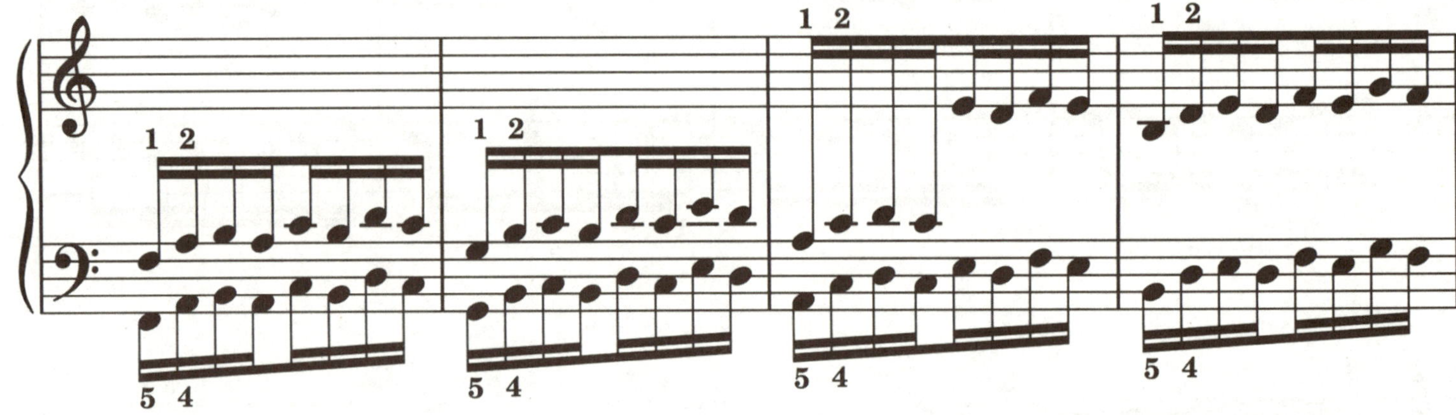

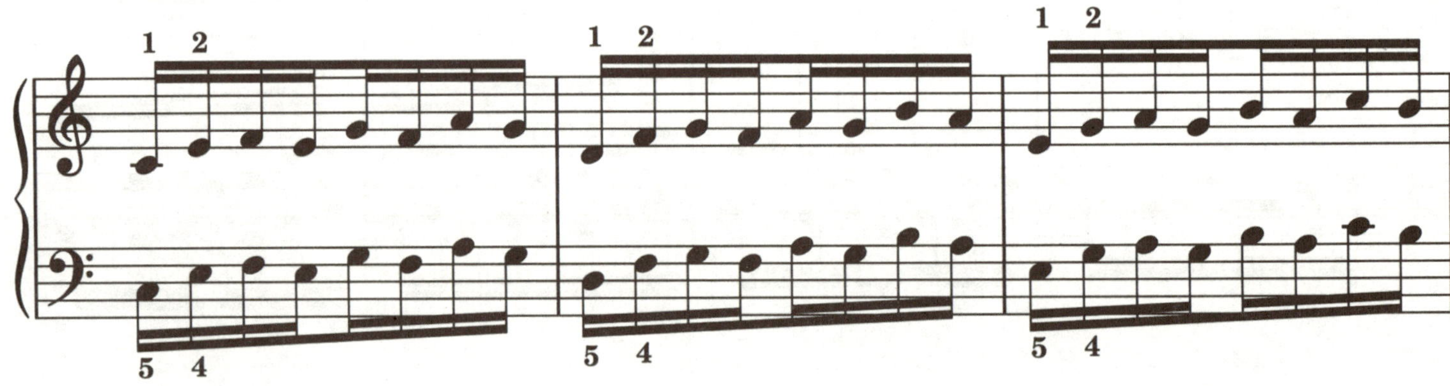

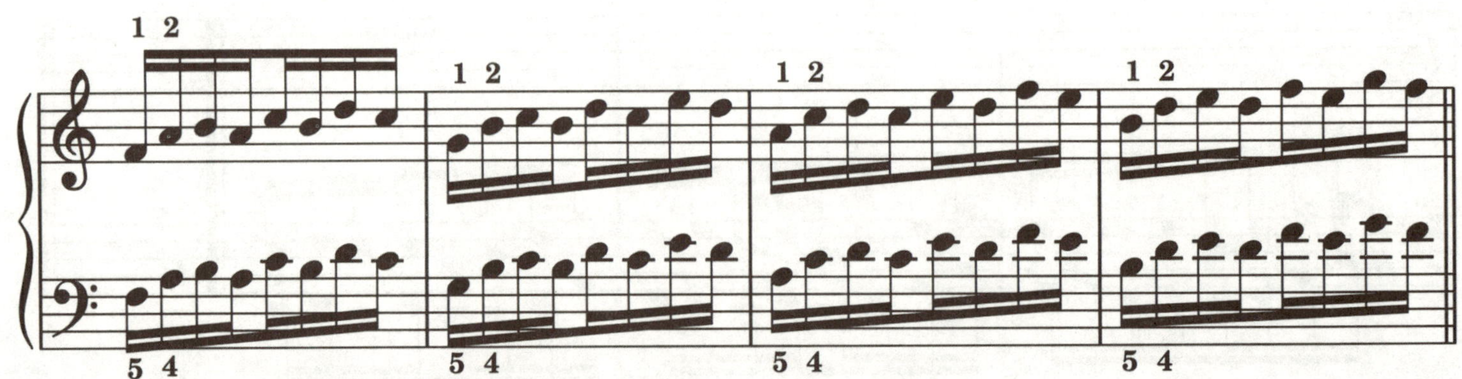

 • 손가락 벌리기에 주의하세요.

연습 방법

▪3-4번 트릴의 준비 연습▪

• 3-4번 트릴 연습시 리듬을 고르게 하며, 특히 손목에 힘이
  들어가지 않도록 주의합니다.

M. M. ♩ = 60〜108

10

3-4번 손가락의 트릴 예비 연습입니다.

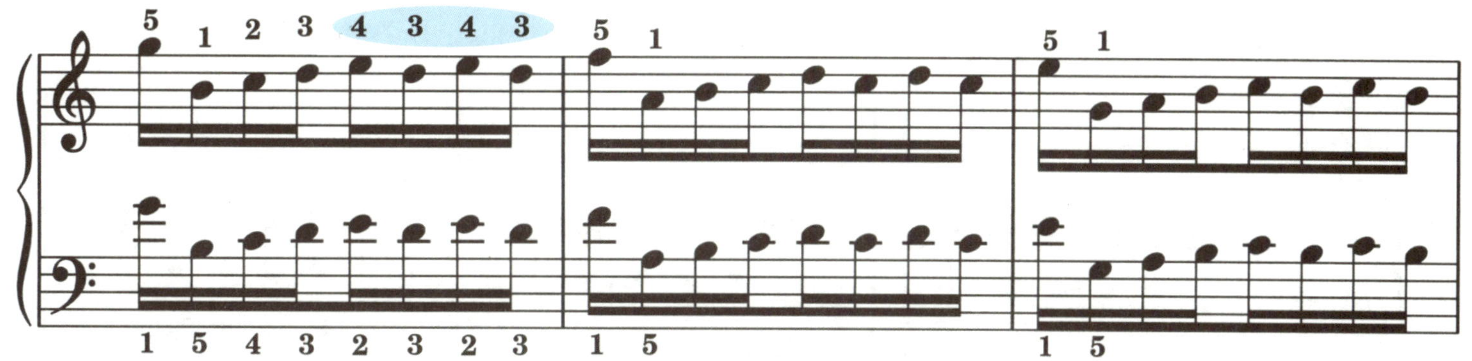

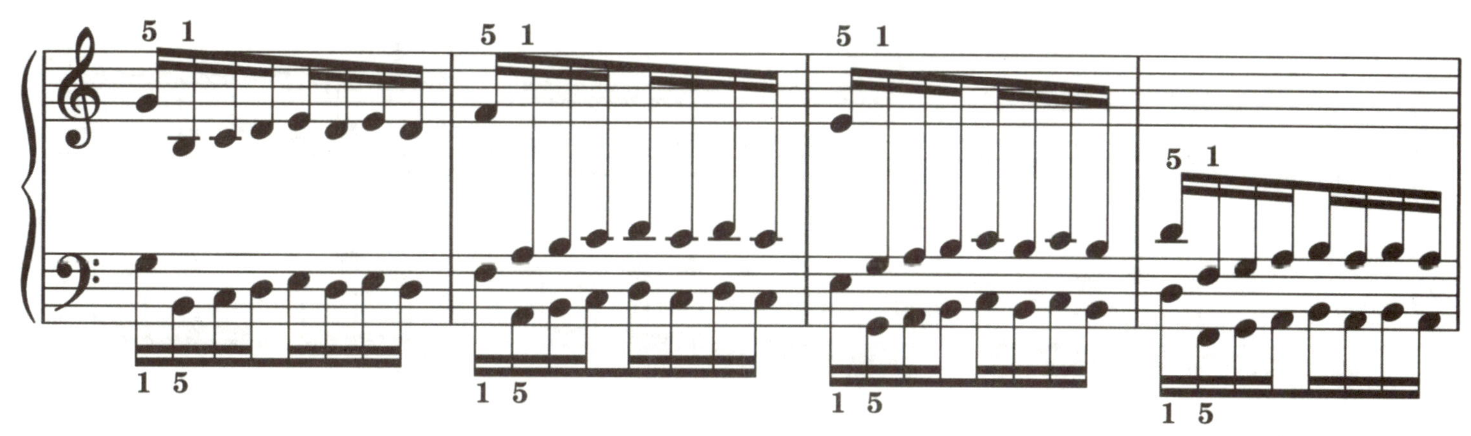

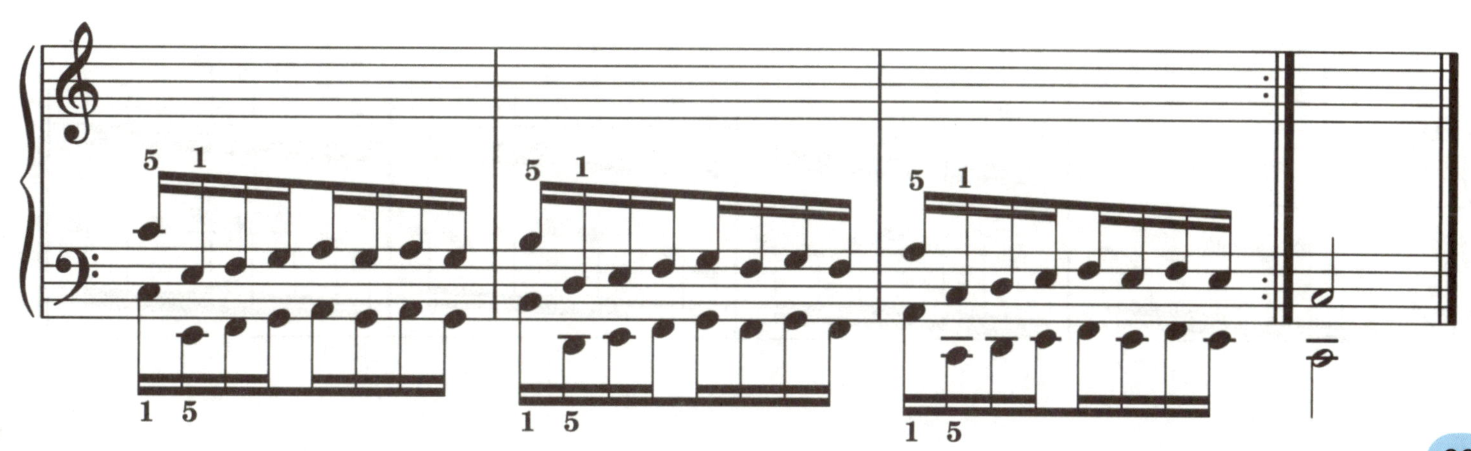

■4-5번의 트릴 준비 연습과 양손의 3·4·5번 타건 연습■

• 트릴 연습시 손목에 힘이 들어가지 않도록 유연하게 합니다. 특히 왼손
  4-5번 손가락의 트릴 연습시 리듬을 고르게 하여 연습합니다.

M. M. ♩ = 60〜108

4-5번 손가락의 트릴 예비 연습입니다. 이 곡의 연습이 끝나면 9번, 10번, 11번을 연결하여 네 번 반복하세요.

31

연습 목적

■1-5번의 손가락 벌리기와 양손의 3・4・5번 타건 연습■

• 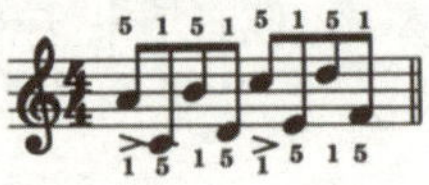 와 같이 예비 연습을 해 보세요.

• 1・5번 손가락의 6도와 7도 도약은 건반을 치기 전에 먼저 정확한 건반 자리에서 손가락을 치켜드는 예비 동작이 중요합니다.

M. M. ♩ = 50～72～108

12

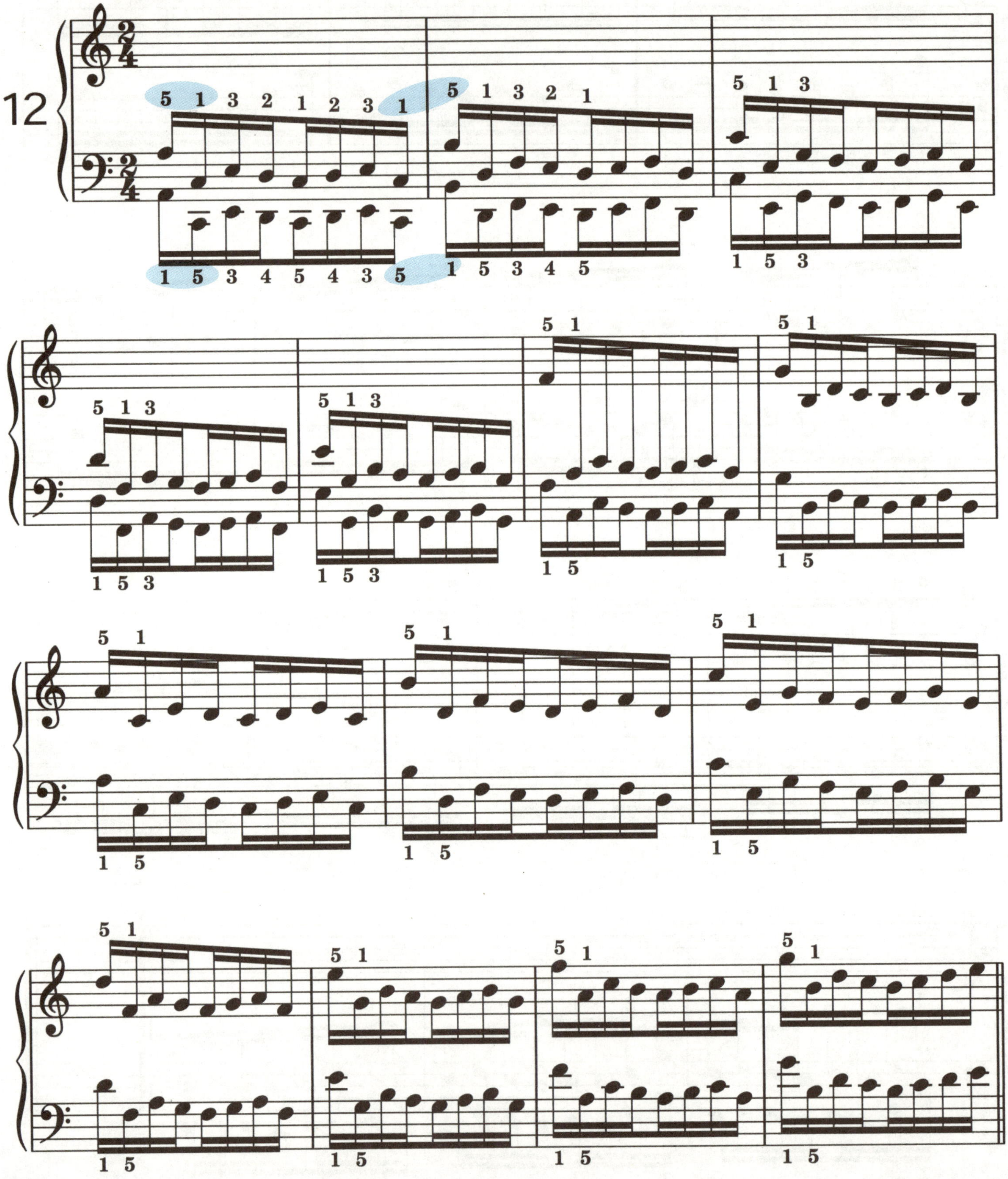

● 손가락 벌리기에 주의하세요.

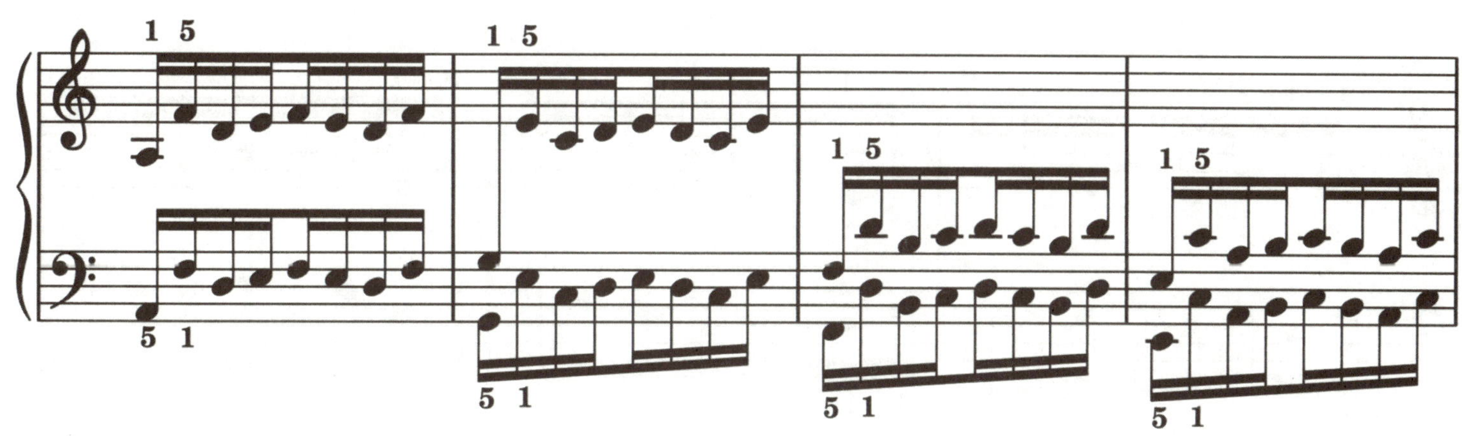

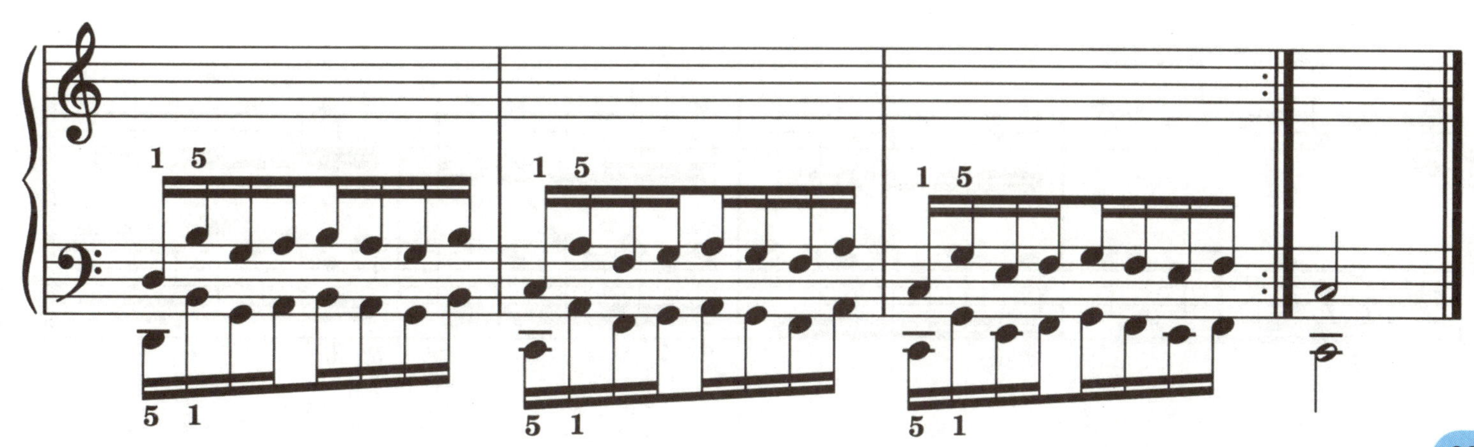

■3·4·5번 손가락의 정확한 타건 연습■

• 다음과 같은 순서로 악센트를 붙여서 연습합니다.

① → ② → ③

M. M. ♩ = 60〜108

13

손가락 벌리기에 주의하세요.

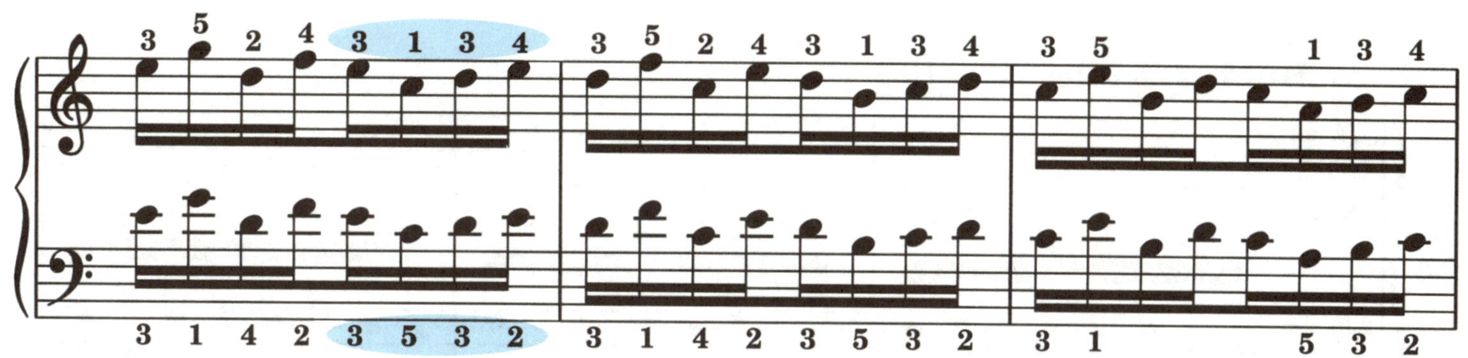

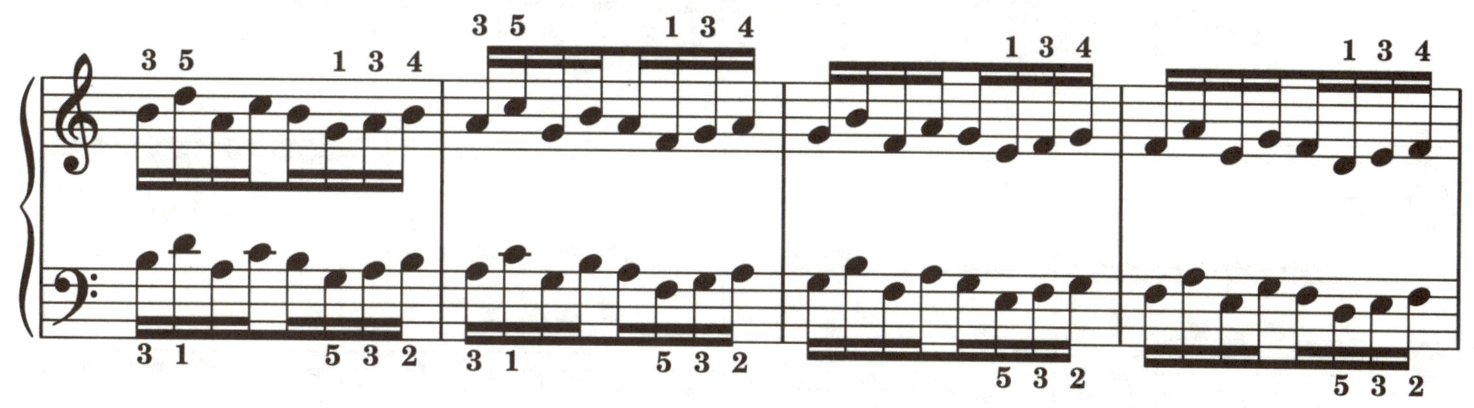

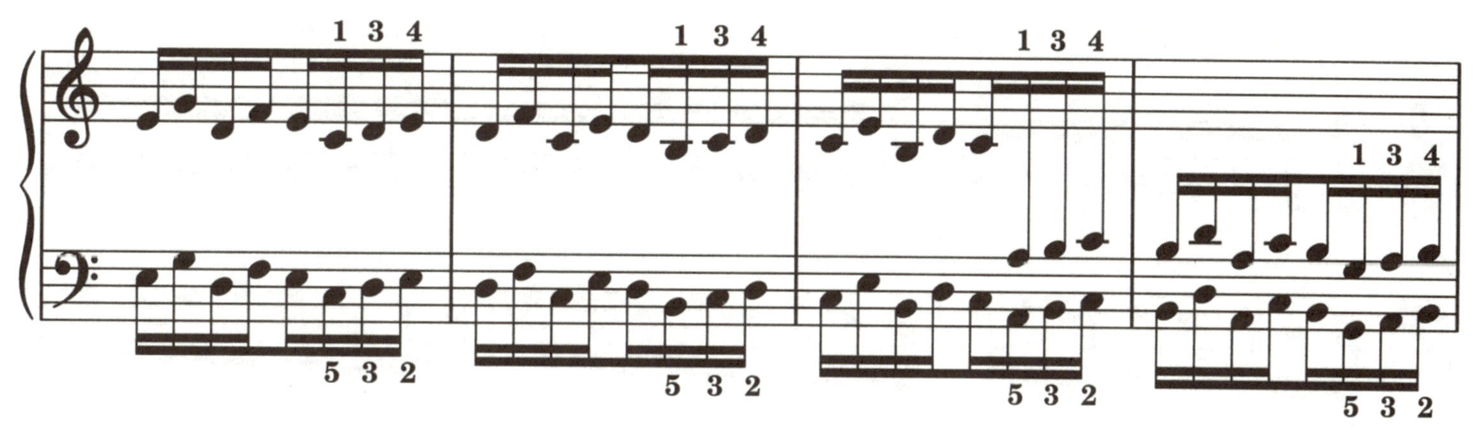

■3-4번의 트릴 준비 연습■

• 연속되는 트릴 연습시 리듬을 고르게 하며 손목에 힘이 들어가지 않도록
  주의합니다.

M. M. ♩ = 50〜72〜108

14

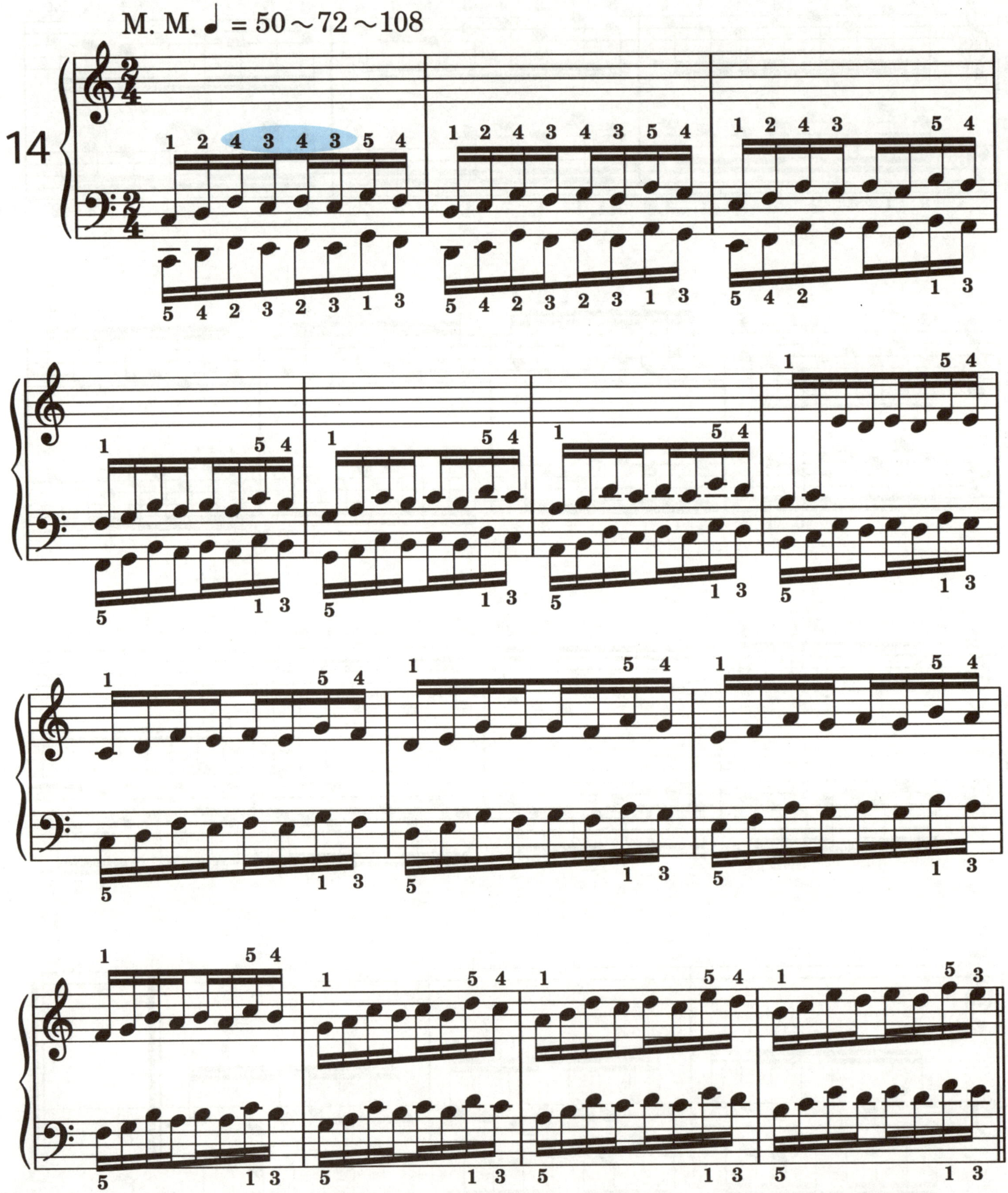

 ● ● 3-4번 손가락의 트릴 예비 연습입니다. 12번, 13번, 14번을 연결하여 네 번 반복하세요.

■ 양손의 1-2-1 손가락 이동과 손가락의 고른 타건 연습 ■

• 양손을 충분히 따로 연습하여야 양손 연습이 매끄럽게 이뤄질 수 있습니다.
• 1-2-1번 손가락 이동시 정확한 음을 연주할 수 있도록 다음과 같이 예비 연습을 해 보세요.

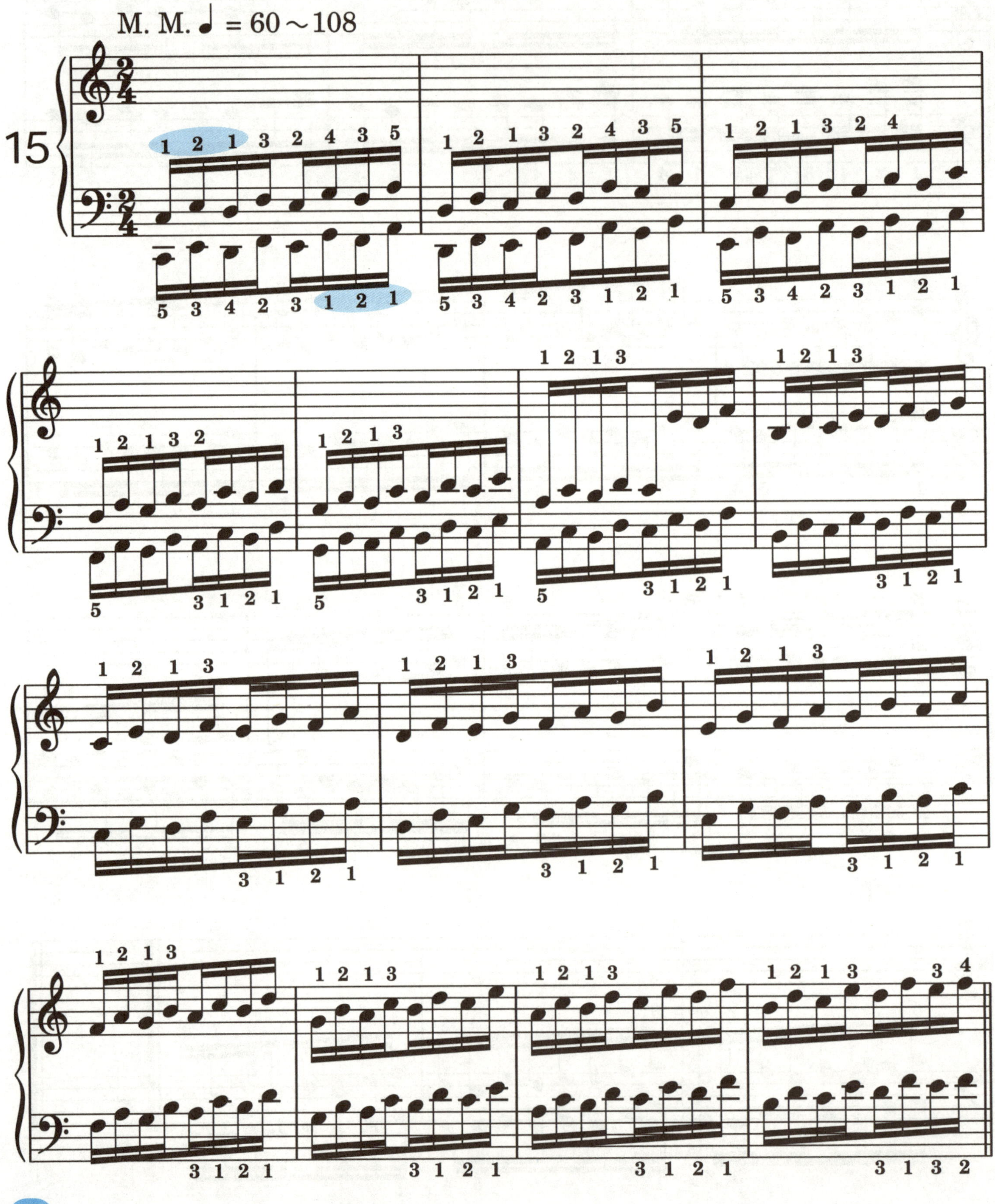

M. M. ♩ = 60〜108

15

● 양손의 1-2-1번 손가락 쓰기에 주의하세요.

연습 방법

■ 3-5번 벌리기와 3 · 4 · 5번 타건 연습 ■
• 손목을 좌우로 회전시켜 3-5번 벌리기와 5-4-3-4번
  연결을 매끄럽게 합니다.

M. M. ♩ = 50 ～ 72 ～ 108

16

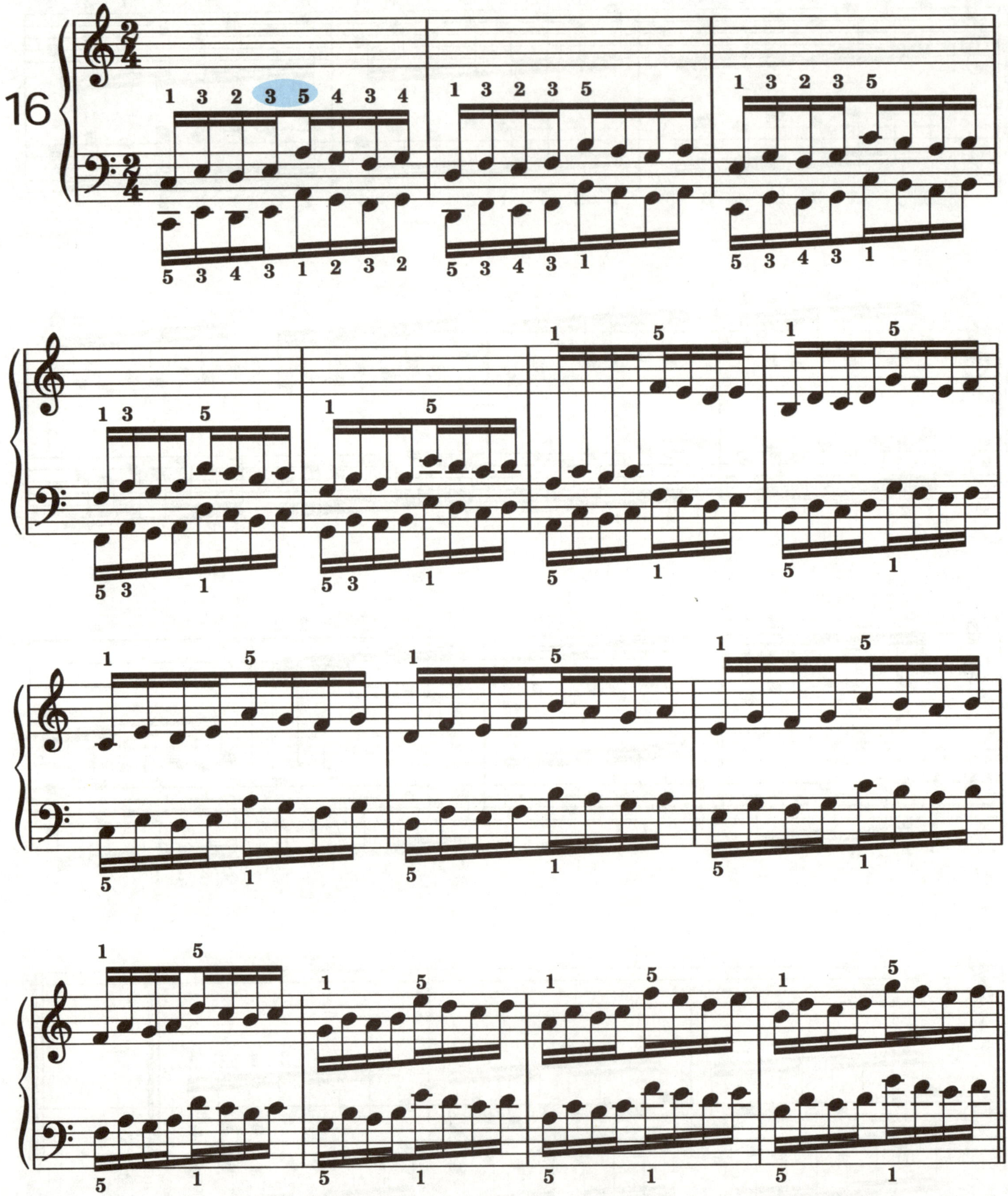

3번 손가락으로 누를 때 손목을 약간 움직이는 순간적인 준비 동작이 필요합니다.
이때 4번 손가락도 자연스럽게 같이 움직입니다.

연습 방법

■ 양손의 손가락 사이 벌리며 고르게 타건하는 연습 ■

• 1-2번, 2-4번, 4-5번 사이를 벌리는 연습으로 정확하게 타건하는 것이 중요합니다.

• 와 같이 응용 연습을 해 보세요.

M. M. ♩ = 50～72～108

17

● 이 곡의 연습이 끝나면 15번, 16번, 17번을 연결하여 네 번 반복하세요.

연습 목적

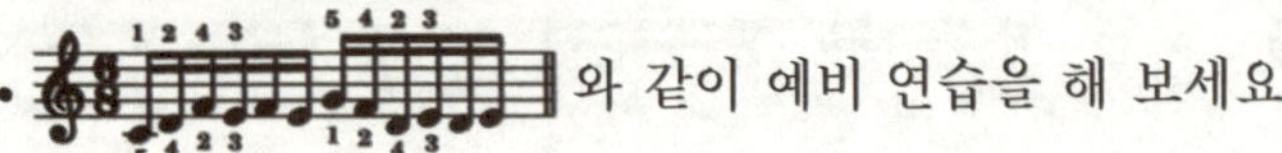

■ 다섯 손가락의 정확한 타건 연습 ■

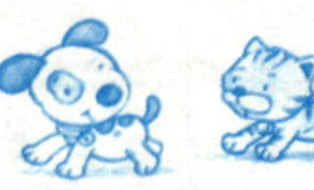

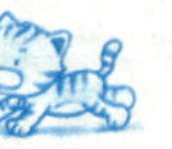

• 와 같이 예비 연습을 해 보세요.

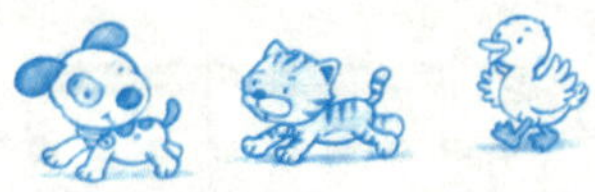

M. M. ♩ = 60～80～108

18

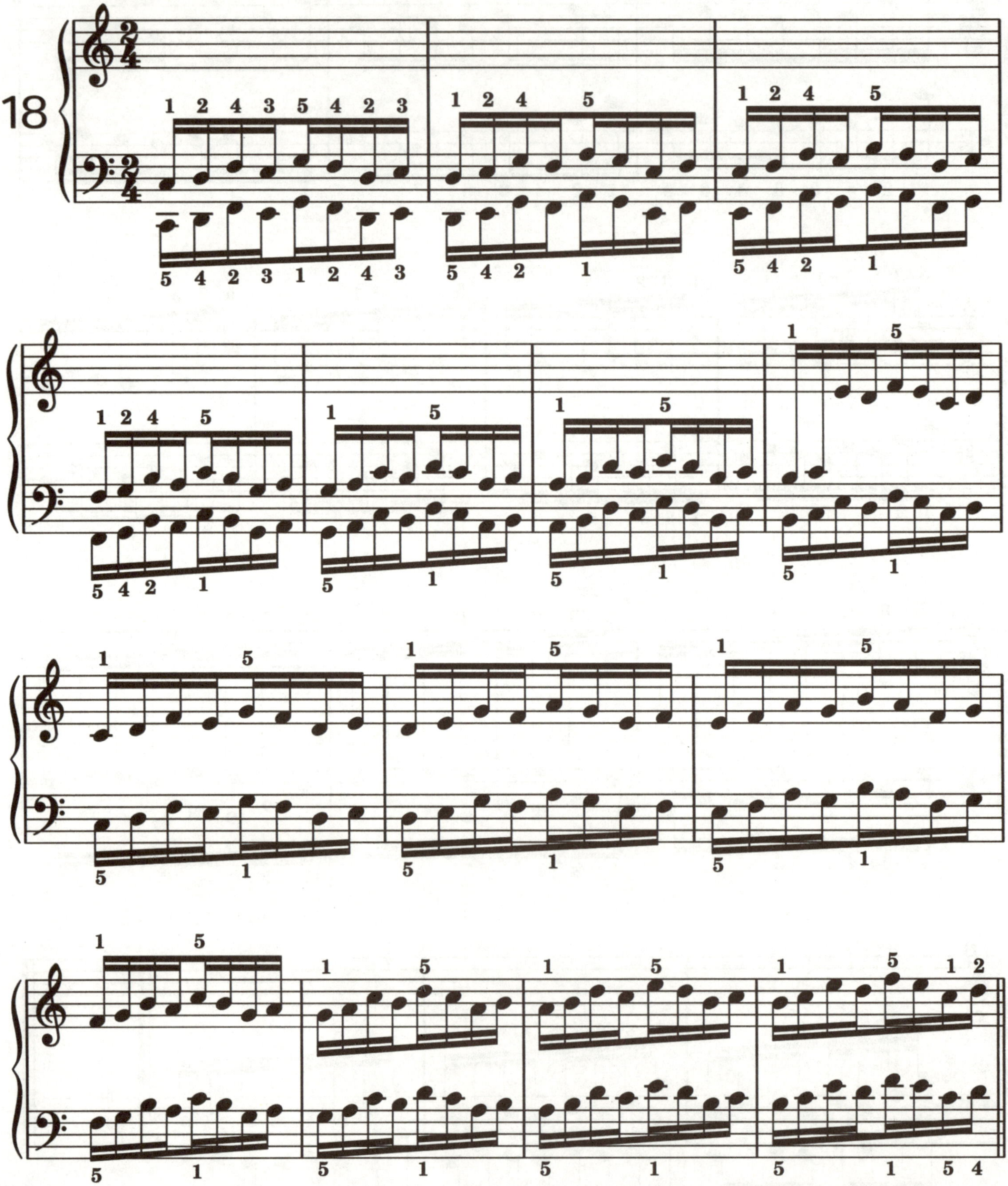

■다섯 손가락의 정확한 타건 연습■

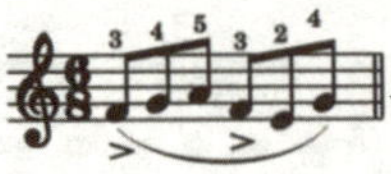

- $\frac{6}{8}$ 와 같이 예비 연습을 해 보세요.

- 1-5번으로 연결될 때는 손목의 중심을 5번으로, 5-1번으로 연결될 때는 1번으로 합니다.

M. M. ♩ = 60〜80〜108

19

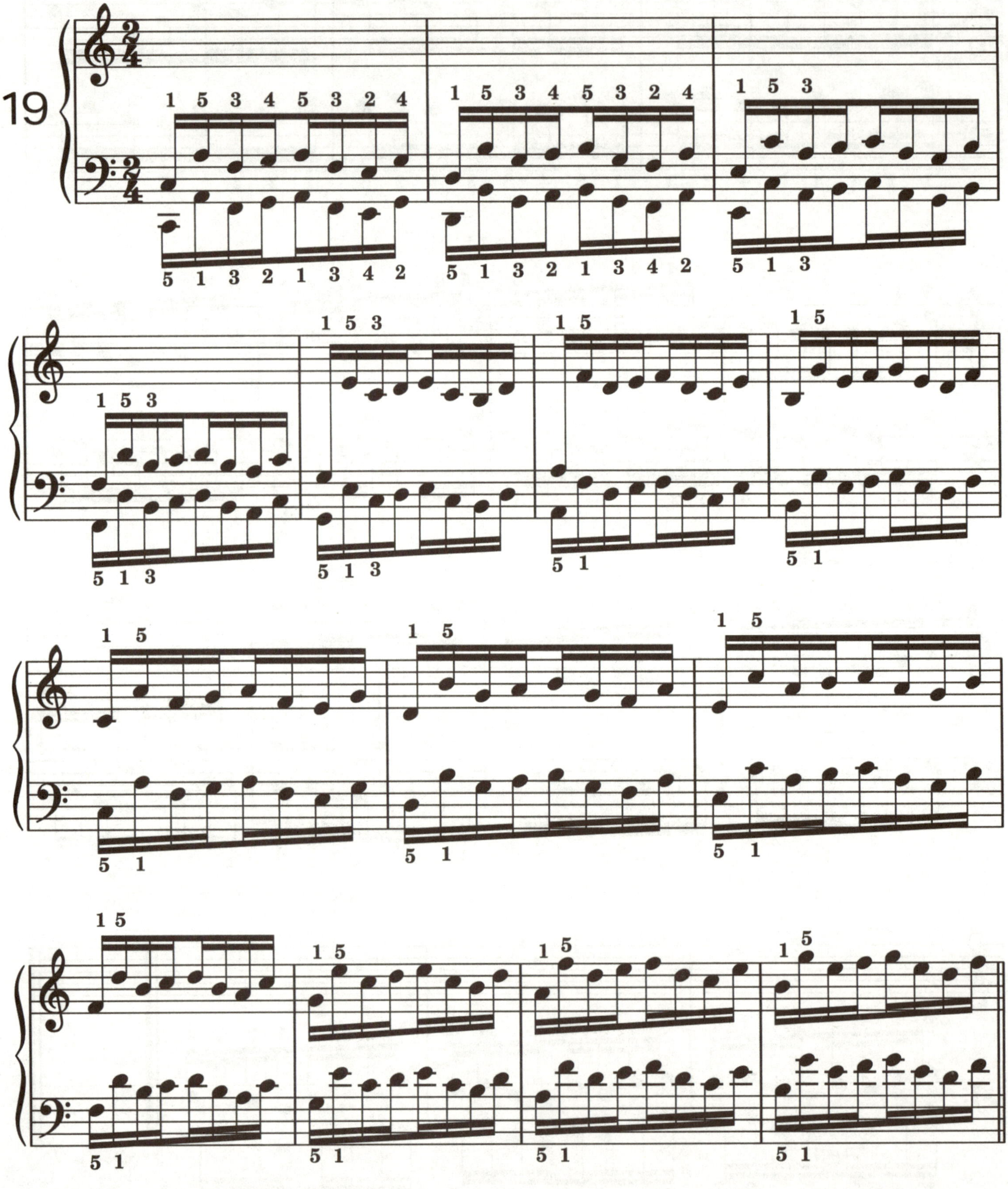

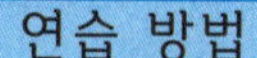

■2-4, 4-5번의 벌리기와 2・3・4번의 정확한 타건 연습■

• 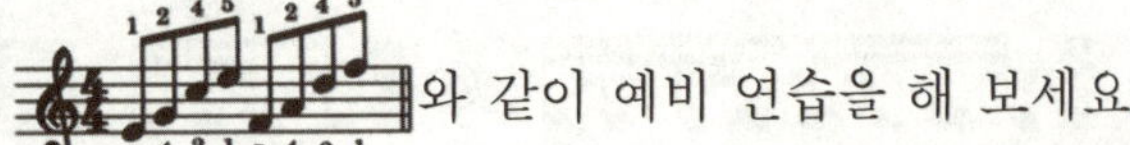와 같이 예비 연습을 해 보세요.

• 각 마디 첫박에서 아르페지오를 칠 때는 진행하는 방향으로 손목과 팔을 유연하고 자연스럽게 움직입니다.

M. M. ♩ = 40〜72〜108

20

손가락 벌리기에 주의하세요. 이 곡의 연습이 끝나면 18, 19, 20번을 연결하여 네 번 반복하세요.

● 이것으로 제1부가 끝났습니다. 제2부를 배우기에 앞서 제1부의 20곡을 충분히 반복하여 연습하세요.
제2부가 훨씬 수월해질 것입니다.

다양하고 멋진 테크닉을 익히기 위한 연습

연습
목적

■ 3 · 4 · 5번 손가락의 타건 연습 ■
• 음계의 예비 연습입니다. 첫째 박과 셋째 박에 악센트를 붙여 연습하세요.

M. M. ♩ = 60 ~ 108

21

● Ⓐ는 왼손 3 · 4 · 5번, Ⓑ는 오른손 3 · 4 · 5번 연습입니다. 31번까지 같습니다.

연습 방법

연습 방법

■3·4·5번 손가락의 균형있는 터치 연습■

• 각 마디 첫박의 4음은 손목이 좌우로 회전하는 느낌으로 칩니다.
• 1-2-3-4-5번의 순서로 진행할 때는 손목의 중심이 5번 손가락으로 옮겨지고,
  5-4-3-2-1번의 순서로 진행할 때는 1번 손가락으로 옮겨집니다.

M. M. ♩ = 60～108

22

● 이 곡의 연습이 끝나면 21번과 22번을 연결하여 네 번 반복하세요.

■ 3・4・5번 손가락의 균형있는 터치 연습 ■
• 각 마디의 첫째・둘째 박 음형 연주시 명확한 소리가 나도록 손가락을 세워서 칩니다. 이미 친 음은 다음 음을 연주한 즉시 떼도록 합니다. 상행시 오른손 5번 손가락에 악센트가 붙지 않도록 주의하세요.

연습 방법

■3 · 4 · 5번 손가락 센 타건을 위한 연습 ■ 
• 오른손의 5-3-4-2번 손가락을 그 마디의 넷째 박이라 생각하지 말고 다음 마디의
시작으로 생각하면서 타건하면 매끄러운 진행이 됩니다.

M. M. ♩ = 60 ~ 108

24

● 이 곡의 연습이 끝나면 23번과 24번을 연결하여 네 번 반복하세요.

연습 방법

■다섯 손가락의 정확한 타건 연습■

- 상행할 때는 ⎰의 셈여림으로, 하행할 때는 ⎱의 셈여림으로 연주합니다.
- 첫째 박과 셋째 박의 첫음에 가벼운 악센트를 붙여서 연습합니다.

M. M. ♩ = 60～108

 • 손가락 쓰기에 주의하세요.

59

▪다섯 손가락의 정확한 타건 연습▪

• 다섯 손가락의 고른 연습과 함께 4-5번 트릴 연습입니다.
• 재빠른 손놀림과 함께 손목의 중심을 이동시켜 연주합니다.

M. M. ♩ = 60～108

26

손목의 중심을 오른손은 5번 손가락 쪽으로, 왼손은 1번 손가락 쪽으로 재빨리 옮겨줍니다.
이 곡의 연습이 끝나면 25번과 26번을 연결하여 네 번 반복하세요.

연습 방법

M. M. ♩ = 60〜108

27

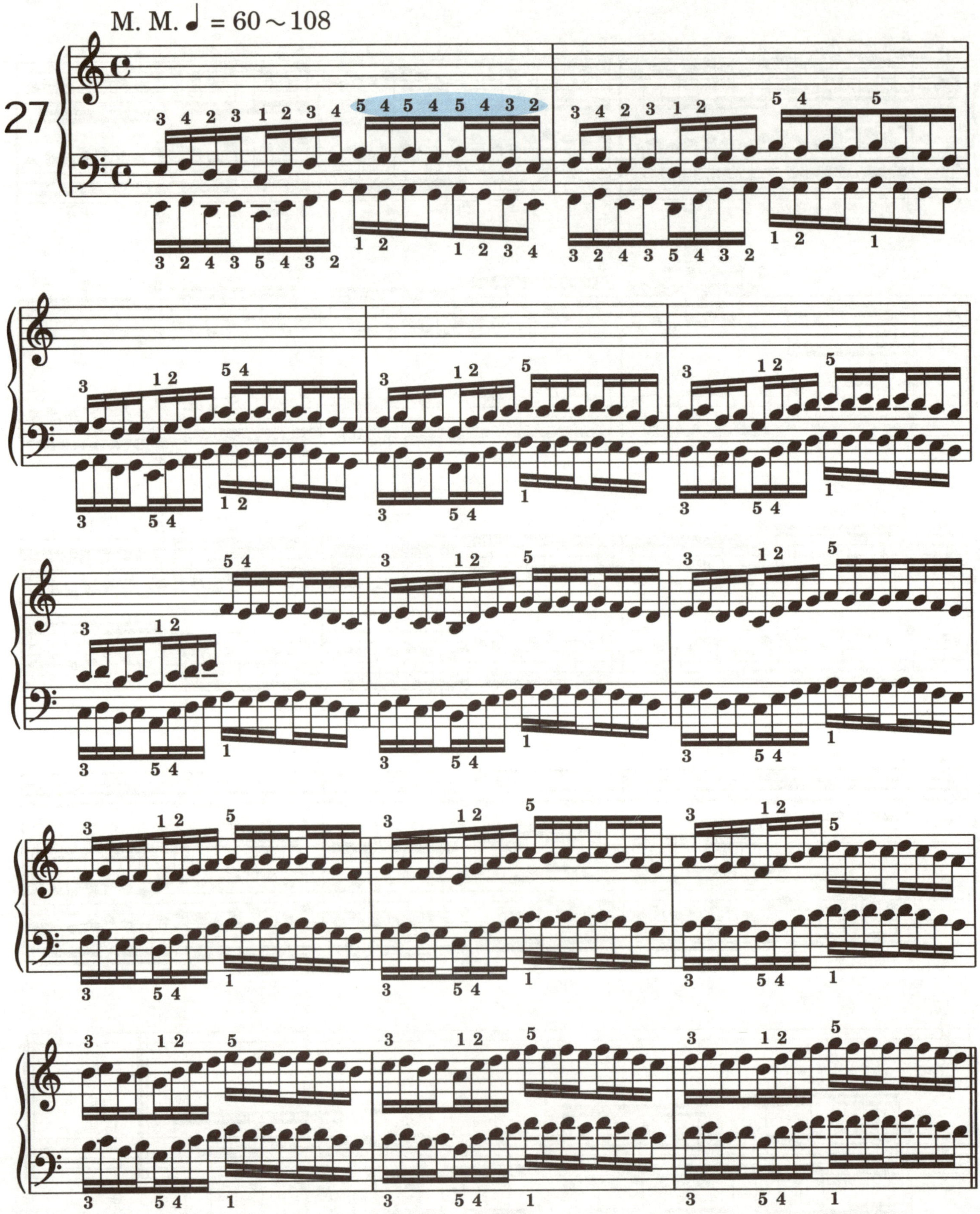

5-4번 손가락의 트릴 예비 연습입니다. 첫음에 악센트를 붙여서 연습하세요.

■ 3 · 4 · 5번 손가락의 정확한 타건 연습 ■
• 5번 연습곡에 3 · 4 · 5번 손가락 연습을 강화시킨 연습곡입니다.
• 먼저 첫째 박과 둘째, 셋째 박에 악센트를 붙여서 연습한 후, 잘 되면 첫째와 셋째 박에만 붙여서 연습합니다.

● 이 곡의 연습이 끝나면 27번과 28번을 연결하여 네 번 반복하세요.

연습 목적

▪다섯 손가락의 트릴 준비 연습▪

• 와 같이 예비 연습을 해 보세요.

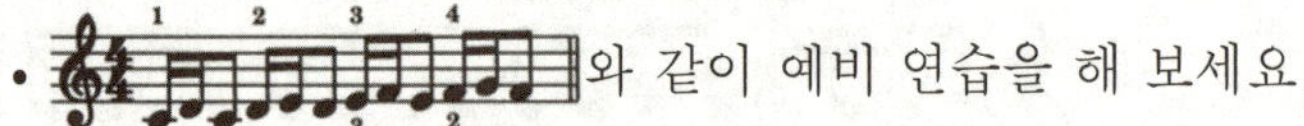

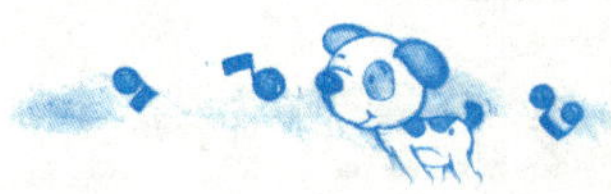

M. M. ♩ = 60～108

29

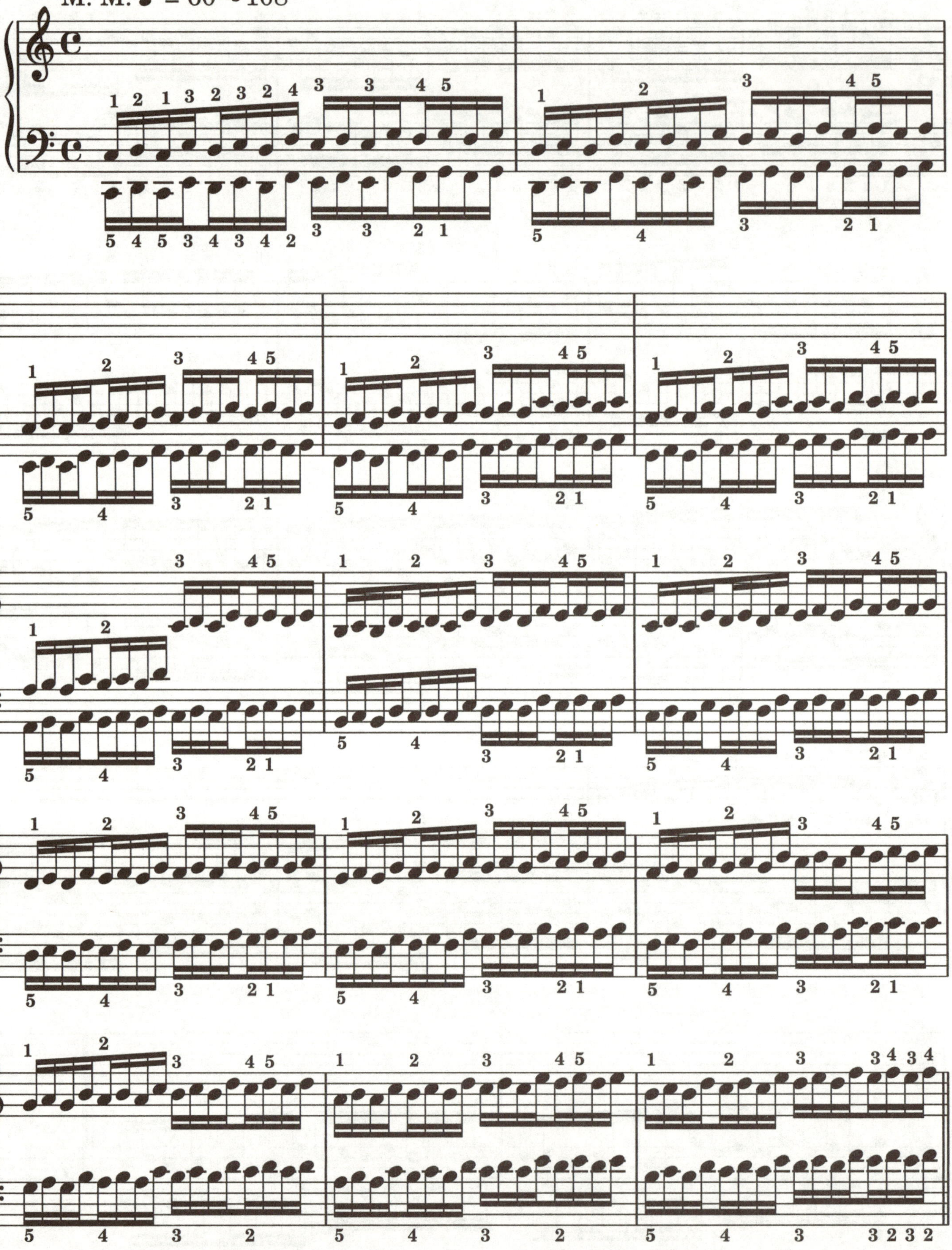

■ 1-2, 5-4번의 트릴 연습 ■

• 약한 4, 5번 손가락의 트릴 연습에 좋은 곡입니다.
• 둘째 박에서 셋째 박으로 갈 때 손목의 중심을 이동시켜 줍니다.

M. M. ♩ = 60 ~ 108

● 이 곡의 연습이 끝나면 29번과 30번을 연결하여 네 번 반복하세요.

연습 목적
▪손목의 움직임을 이용한 손가락의 균형있는 타건과 1-5번을 벌려주는 연습▪
•손목을 유연하게 좌우로 이동시켜 손가락에 무리가 가지 않도록 합니다.
•5번 손가락을 세게 치지 않도록 주의합니다.

M. M. ♩ = 60～108

31

연습 방법

① 3/4
② 3/4 ~
③ 3/4 ~

■ 1번 손가락이 2번 손가락 아래로 지나가는 연습 ■

• 음계 예비 연습으로, 1번 손가락이 다른 손가락 아래로 지나갈 때 손목을 유연하게 움직여 매끄럽게 연결되도록 합니다.

• 처음 4마디는  와 같이 악센트가 붙지 않도록 주의합니다.

M. M. ♩. = 40～72

32

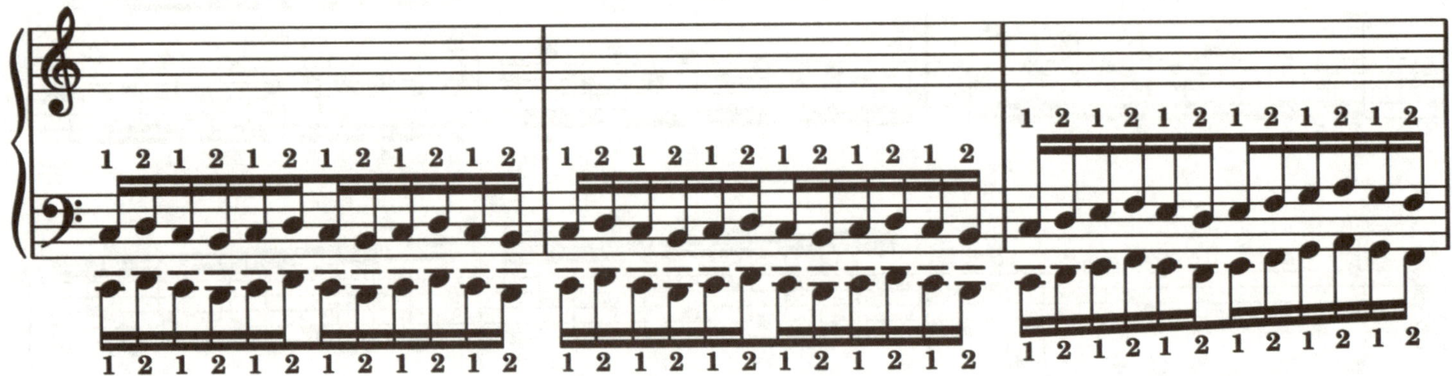

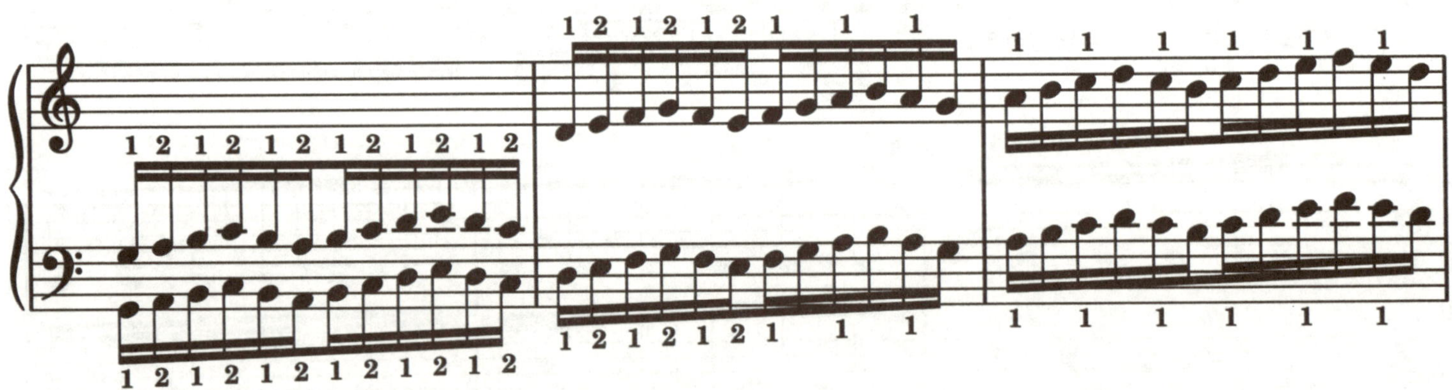

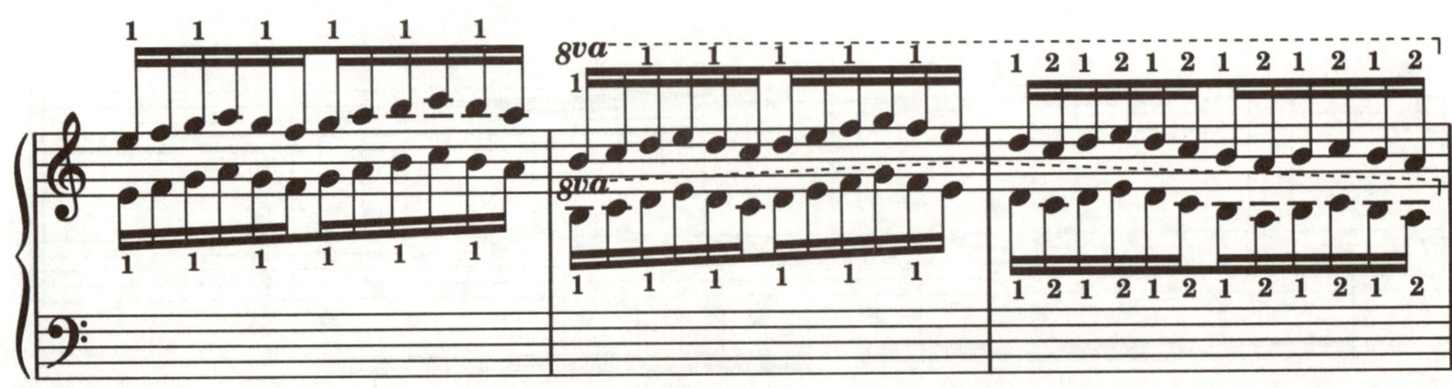

연습 목적

▪1번 손가락이 3번 손가락 아래로 지나가는 연습▪

- 3번 손가락 아래로 지나가는 1번 손가락을 미리 준비합니다.
- 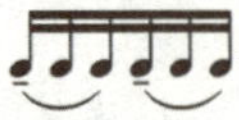와 같이 프레이즈가 연결되지 않도록 주의합니다.

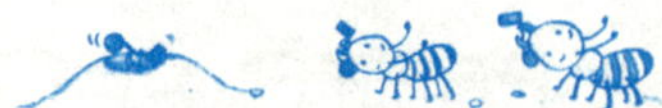

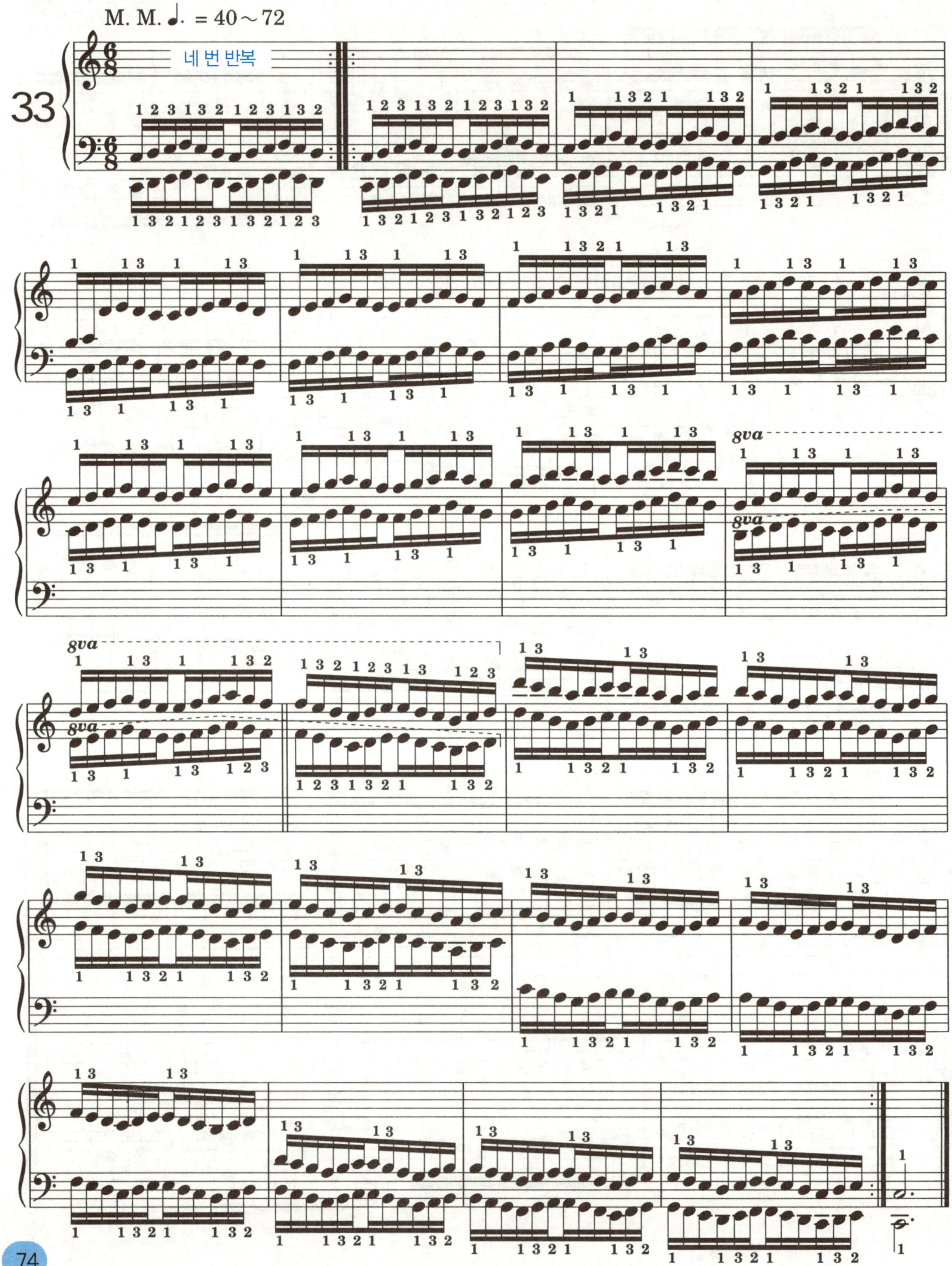
M. M. ♩. = 40～72
33
네 번 반복
8va

연습
목적

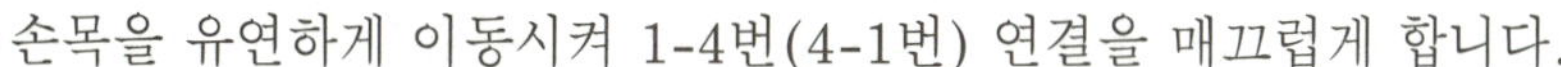

1번 손가락이 4번 손가락 아래로 지나가는 연습
• 손목을 유연하게 이동시켜 1-4번(4-1번) 연결을 매끄럽게 합니다.
• 4-1번을 연결한 후 1번 손가락은 원래의 위치로 나와 다음 음들을 준비합니다.

M. M. ♩ = 60~108
열 번 반복
34

연습
목적
1번 손가락이 5번 손가락 아래로 지나가는 연습
34번 연습곡과 같이 손목을 유연하게 움직입니다. 특히 1번 손가락이 5번 손가락 아래로 지나갈 때는 손을 약간
올려야 매끄럽게 칠 수 있습니다.

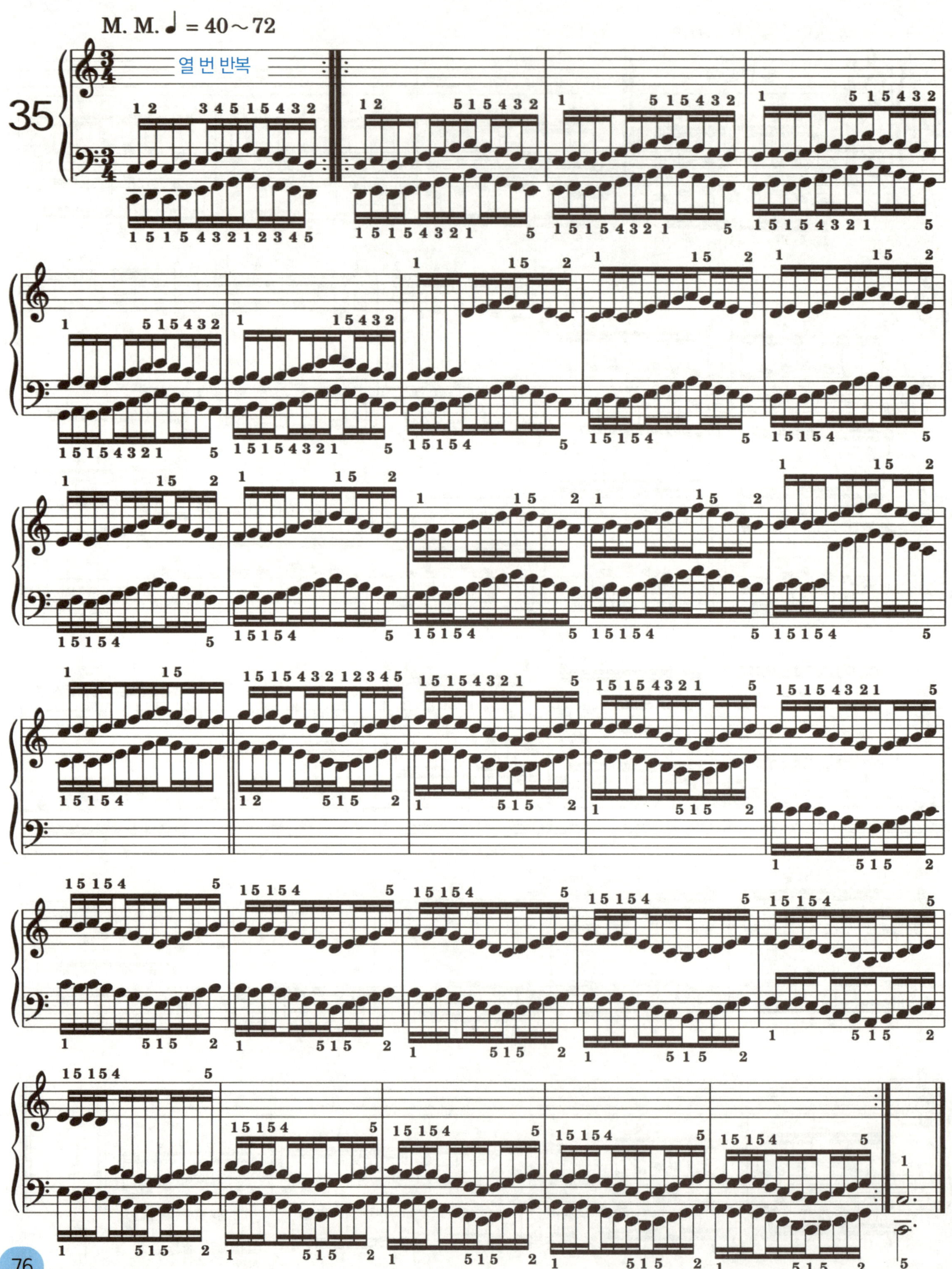
M. M. ♩ = 40 ~ 72
35
열 번 반복

■1번 손가락이 2번 손가락 아래로 지나가는 다른 연습■

• 4-3-2번 손가락으로 친 음들이 뭉치지 않도록 또박또박 정확하게 연주합니다.

• 잘못 연주하면 리듬처럼 들리기 쉬우므로 고르게 연주합니다.

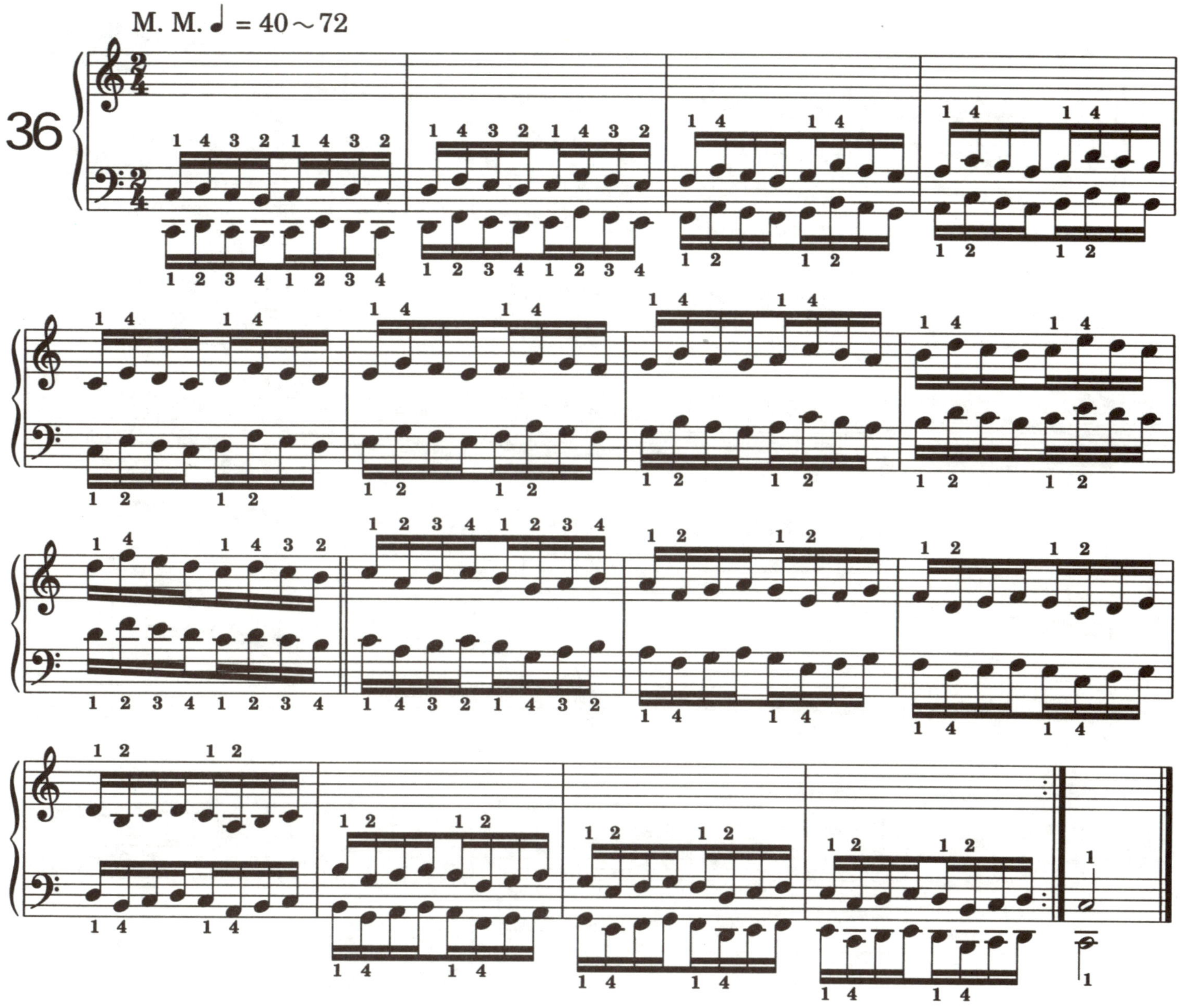

M. M. ♩ = 40〜72

36

◆1번 손가락을 위한 특별 연습◆

37

• 양손의 3화음은 처음부터 끝까지 계속 눌러줍니다. 먼저, 화음을 누르지 말고 1번 손가락으로만 쳐 보세요.

■음계 준비 연습 ■

• 정확한 음을 타건할 수 있도록 양손 따로따로 연습합니다.
• 오른손이 상행 음계일 때는 ＜의 셈여림으로, 하행 음계일 때는 ＞으로 연습하는 것도 좋습니다.

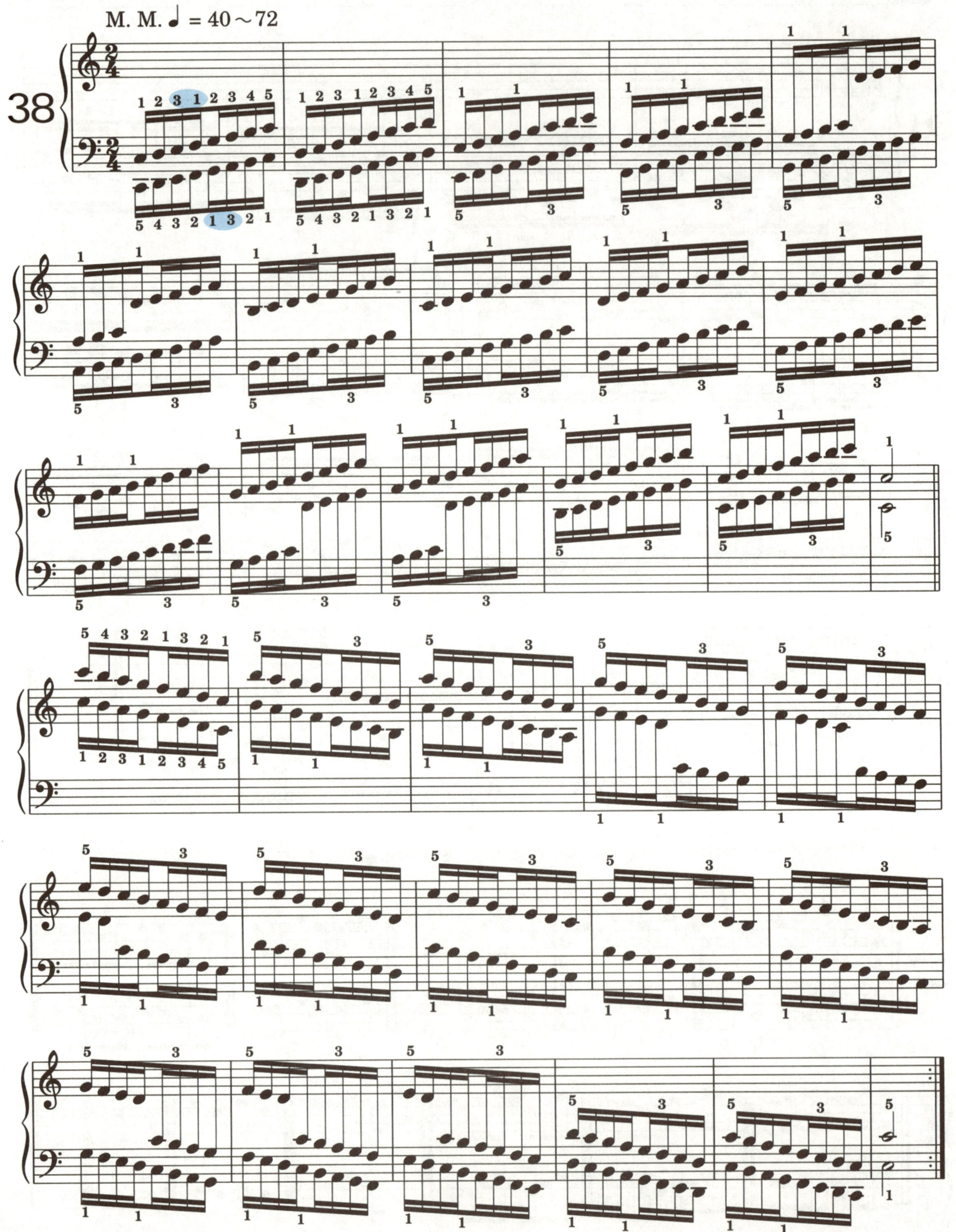

33번 연습곡처럼 바꿀 손가락을 미리 준비시킵니다.

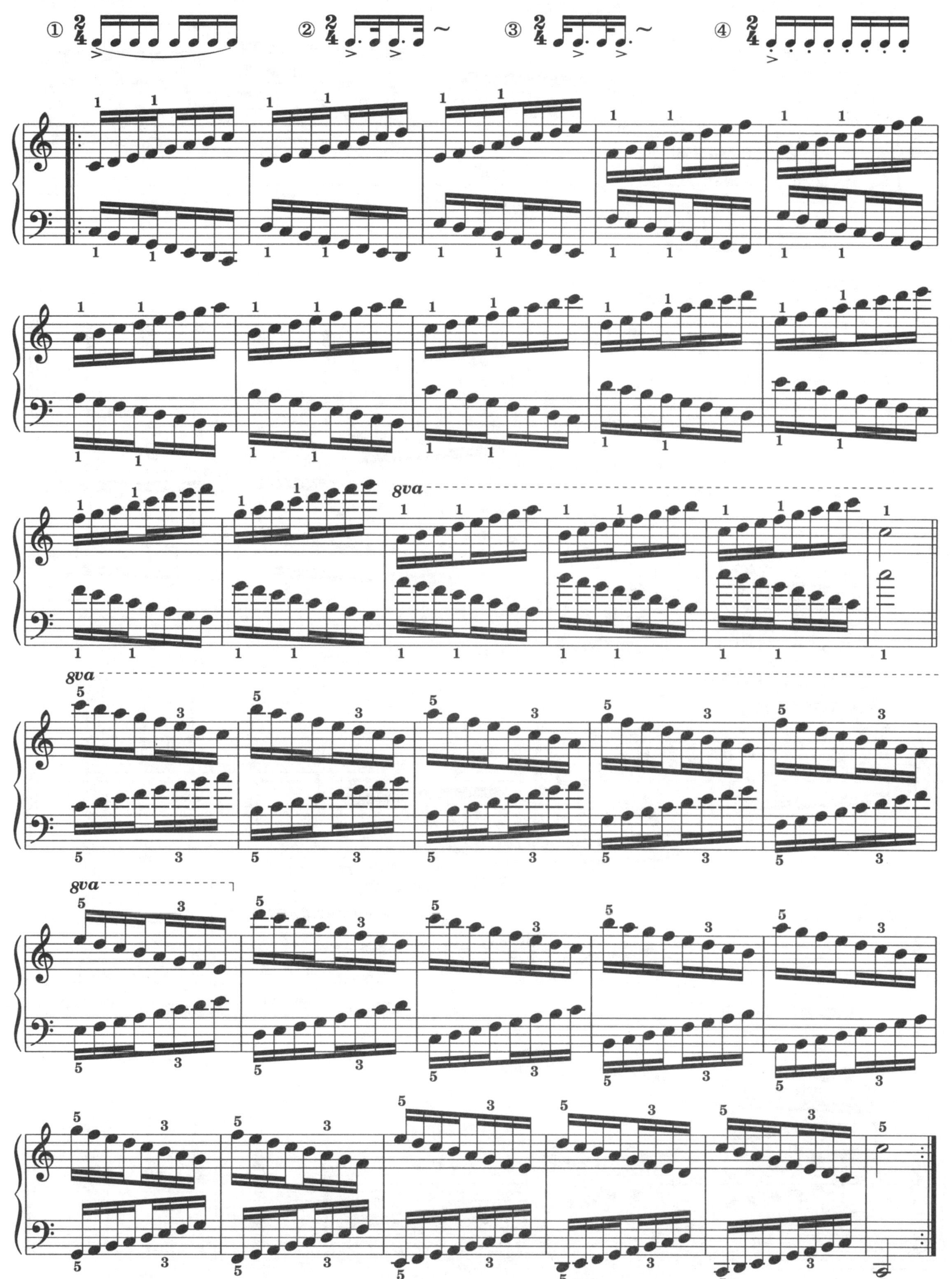

12개의 장음계와 그 관계 단음계

◆다 장조 (C Major)의 나란한 조는 가 단조(a minor)입니다.

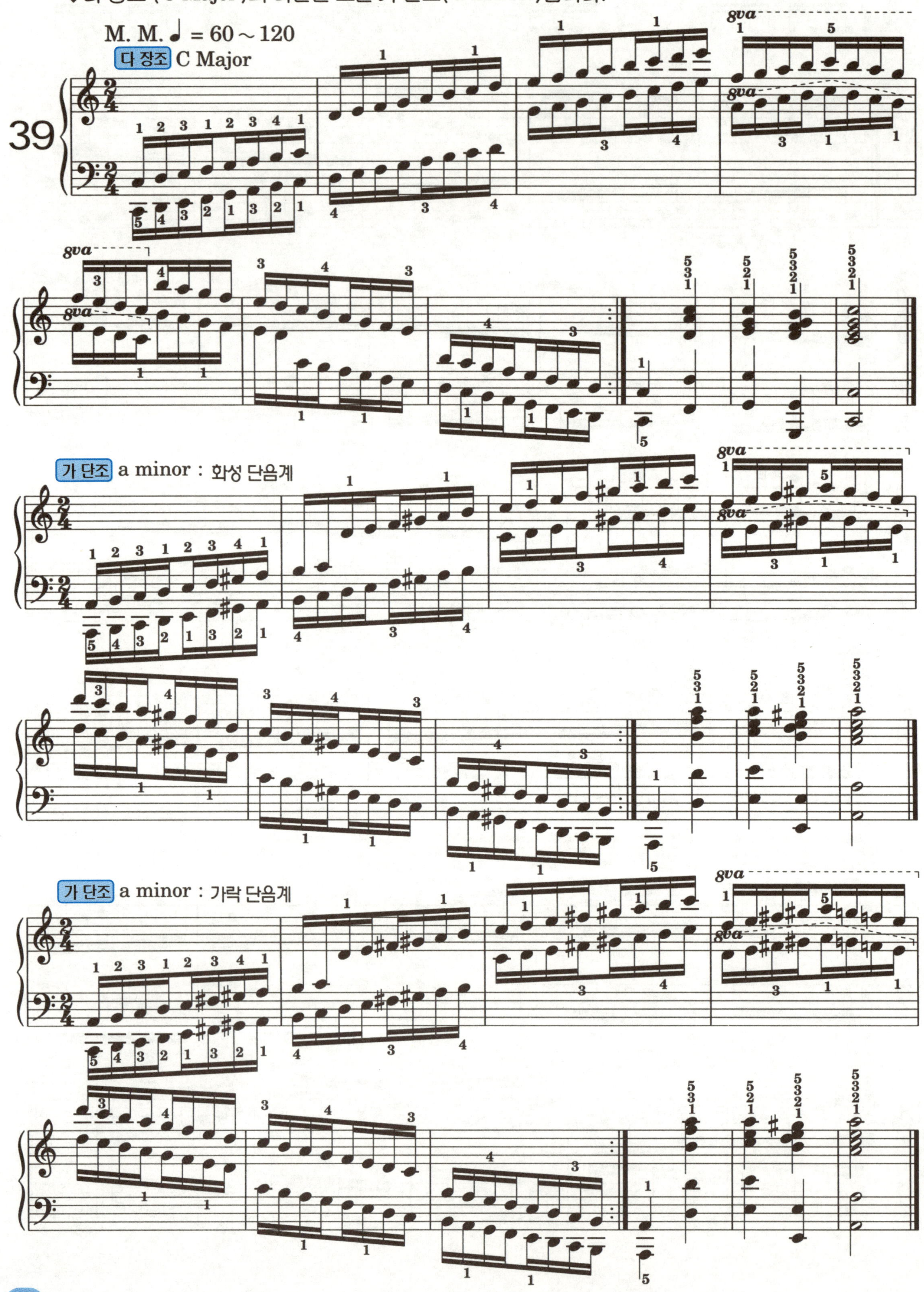

● 모든 음계는 2옥타브, 3옥타브, 4옥타브의 순서로 연습하고 리듬에도 변화를 주면 효과적입니다.

◆바 장조(F Major)의 나란한 조는 라 단조(d minor)입니다.

● 연습을 마친 후에는 반드시 외우고, 매일 반복 연습을 합니다.

◆내림나 장조(Bᵇ Major)의 나란한 조는 사 단조(g minor)입니다.

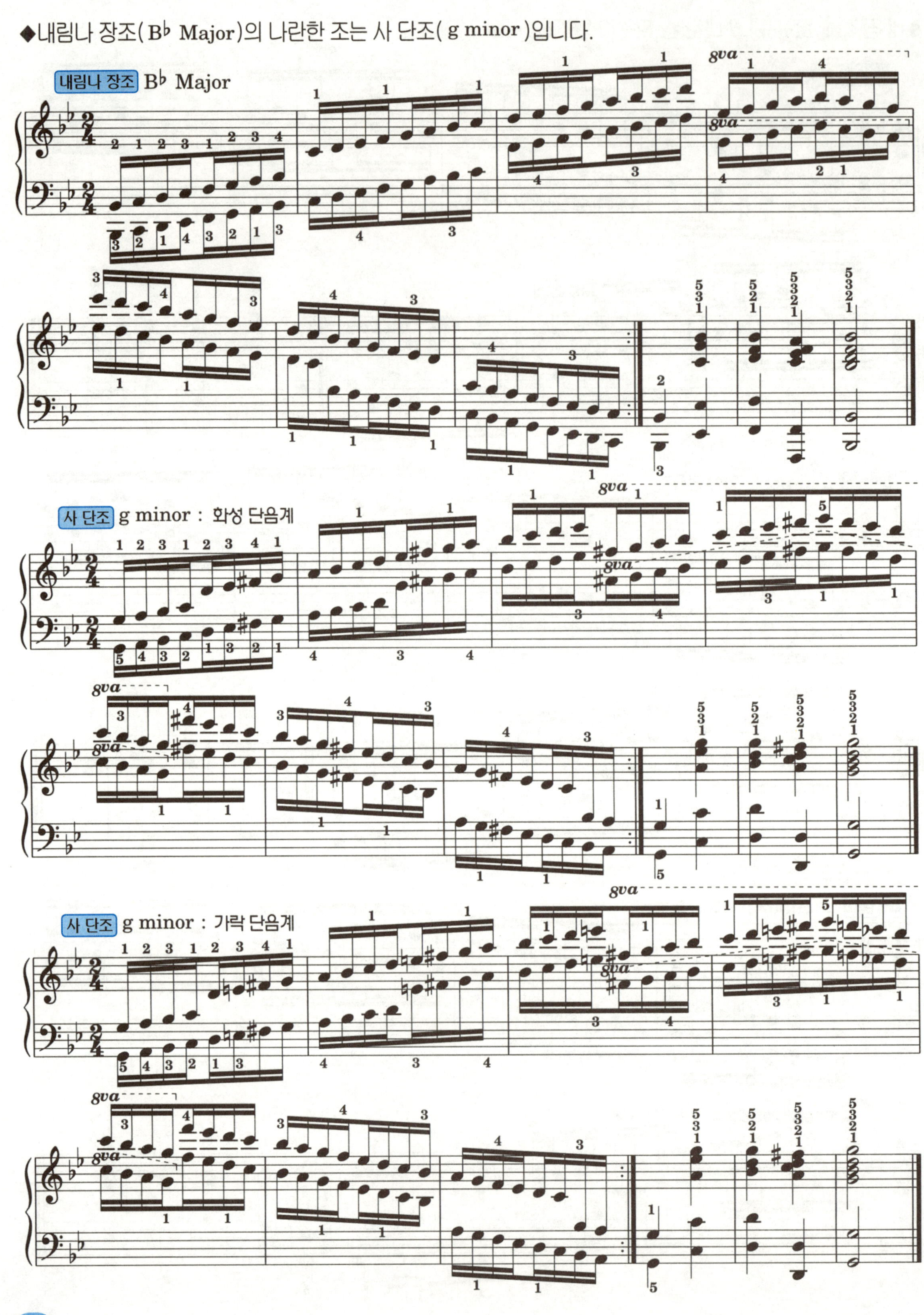

◆내림마 장조(E♭ Major)의 나란한 조는 다 단조(c minor)입니다.

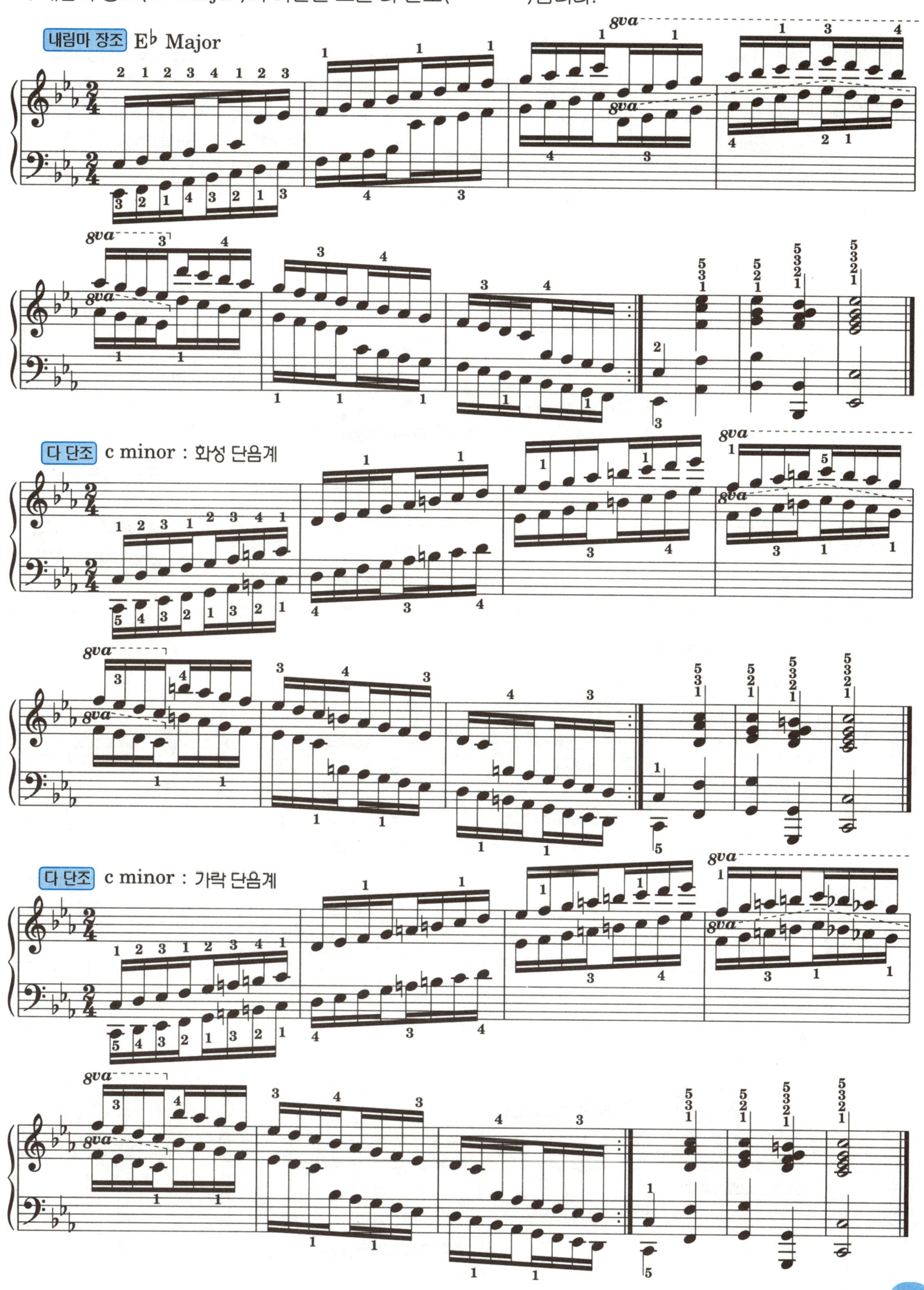

◆내림가 장조(A♭ Major)의 나란한 조는 바 단조(f minor)입니다.

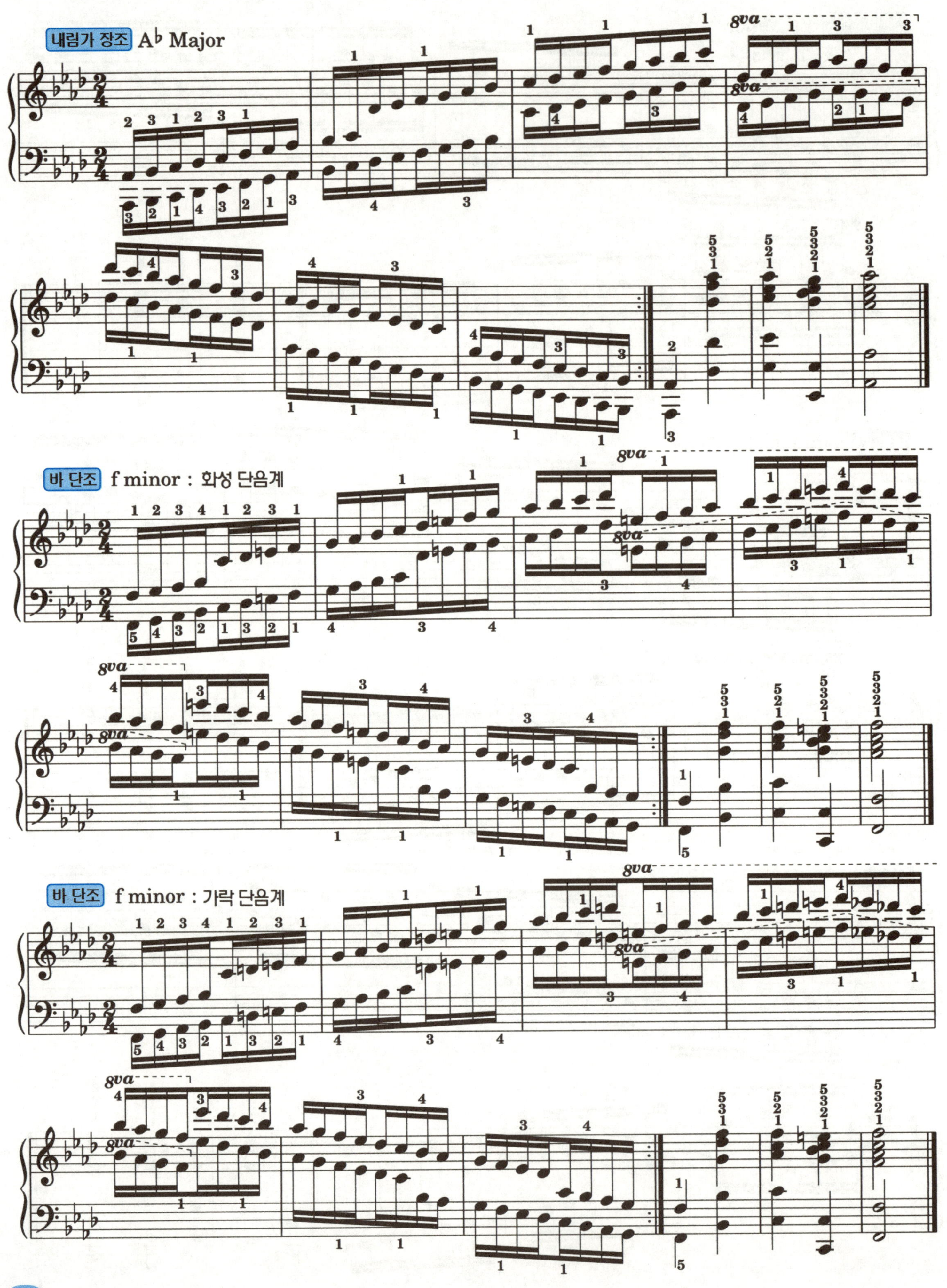

◆내림라 장조(D♭ Major)의 나란한 조는 내림나 단조(b♭ minor)입니다.

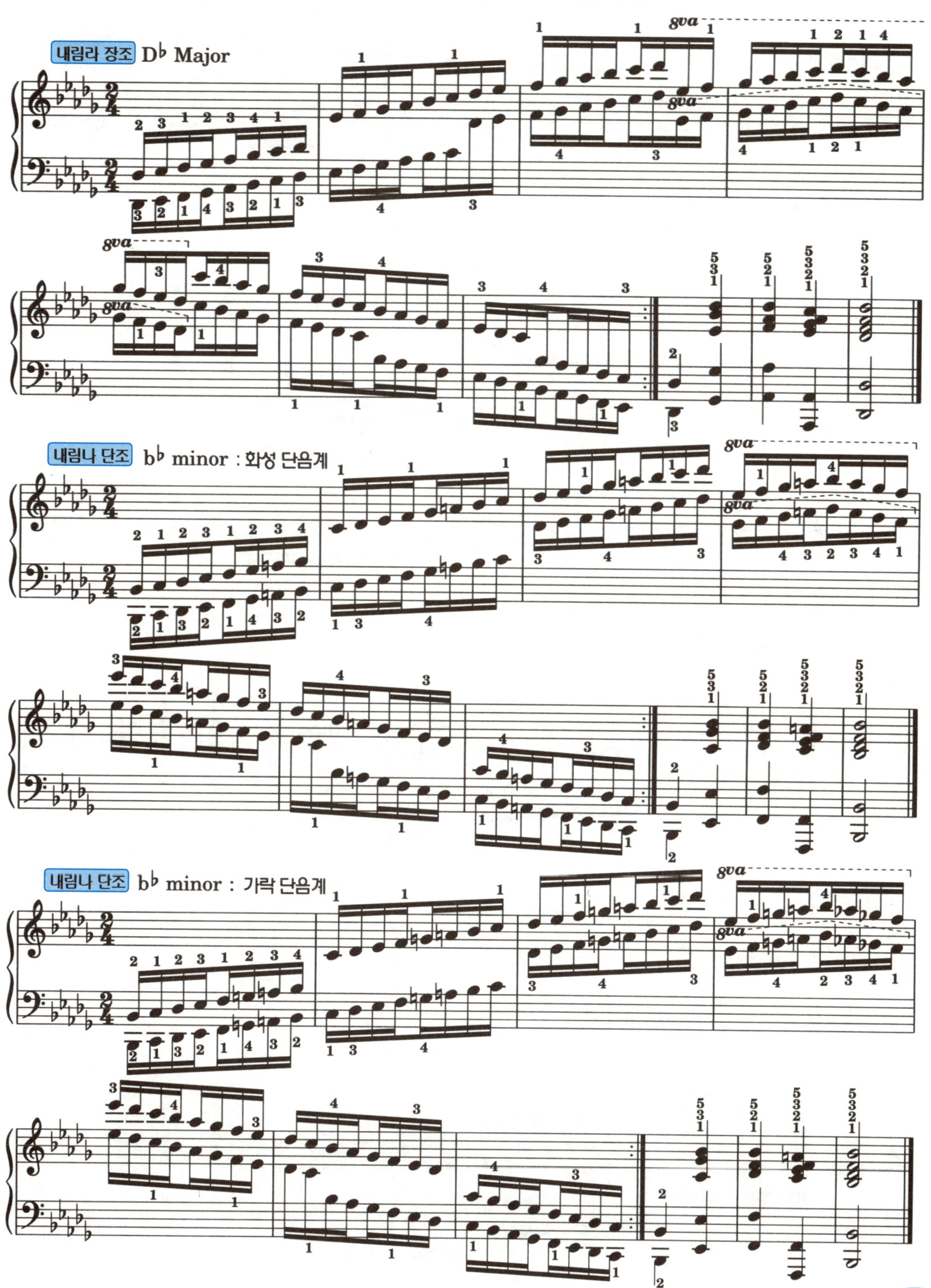

◆내림사 장조(G♭ Major)의 나란한 조는 내림마 단조(e♭ minor)입니다.

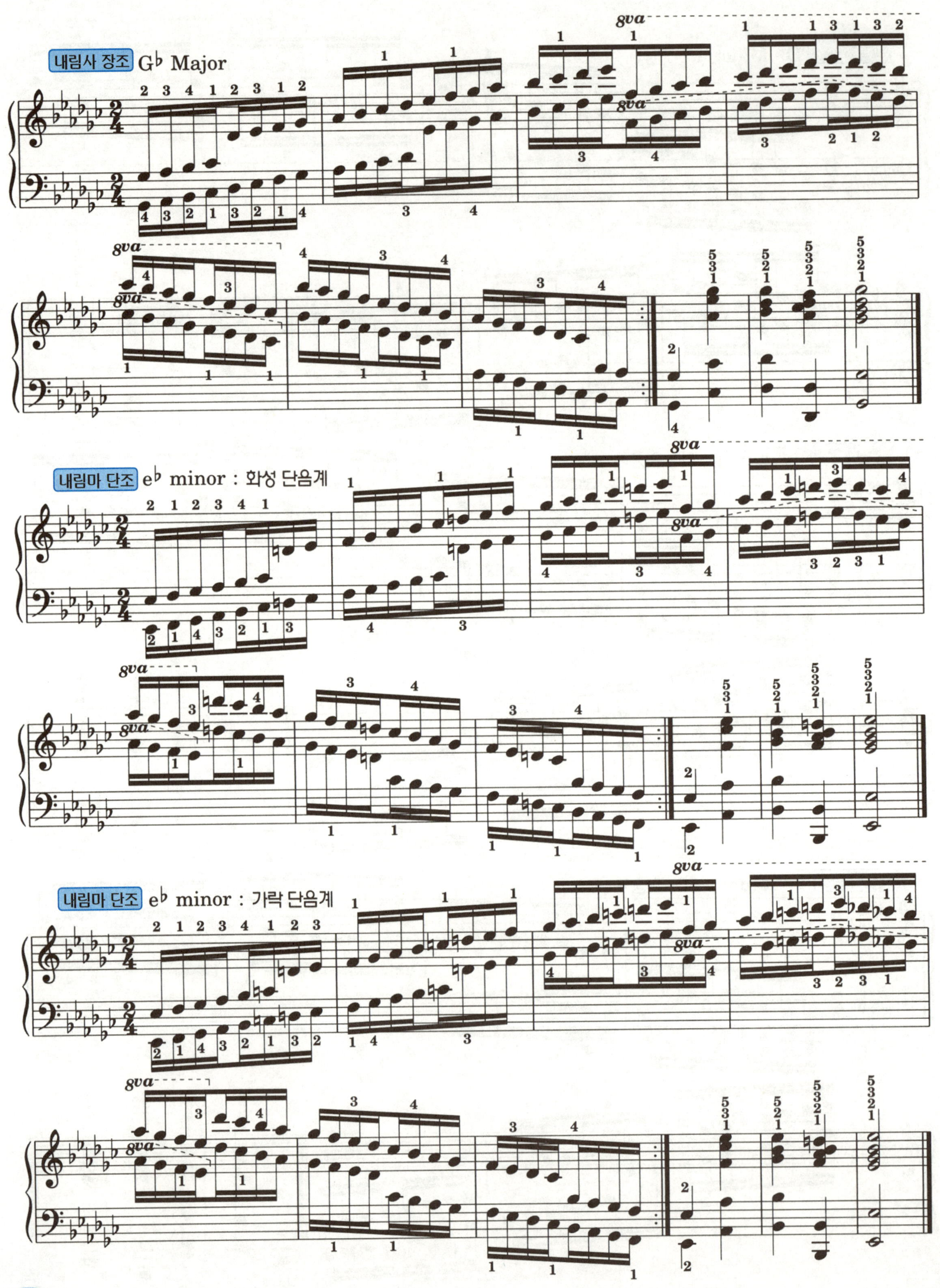

◆나 장조(B Major)의 나란한 조는 올림사 단조(g♯ minor)입니다.

◆마 장조(E Major)의 나란한 조는 올림다 단조(c♯ minor)입니다.

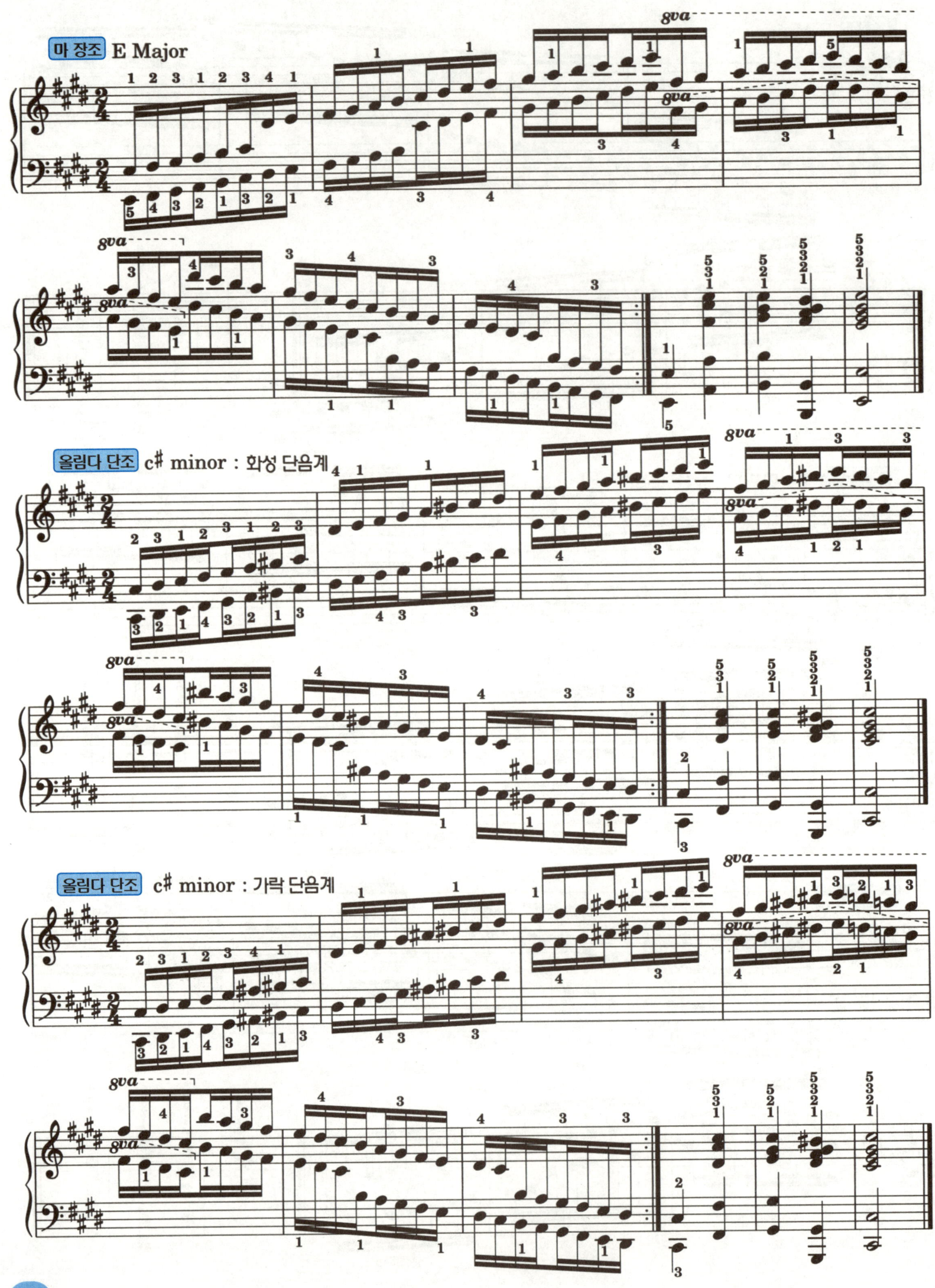

◆가 장조(A Major)의 나란한 조는 올림바 단조(f# minor)입니다.

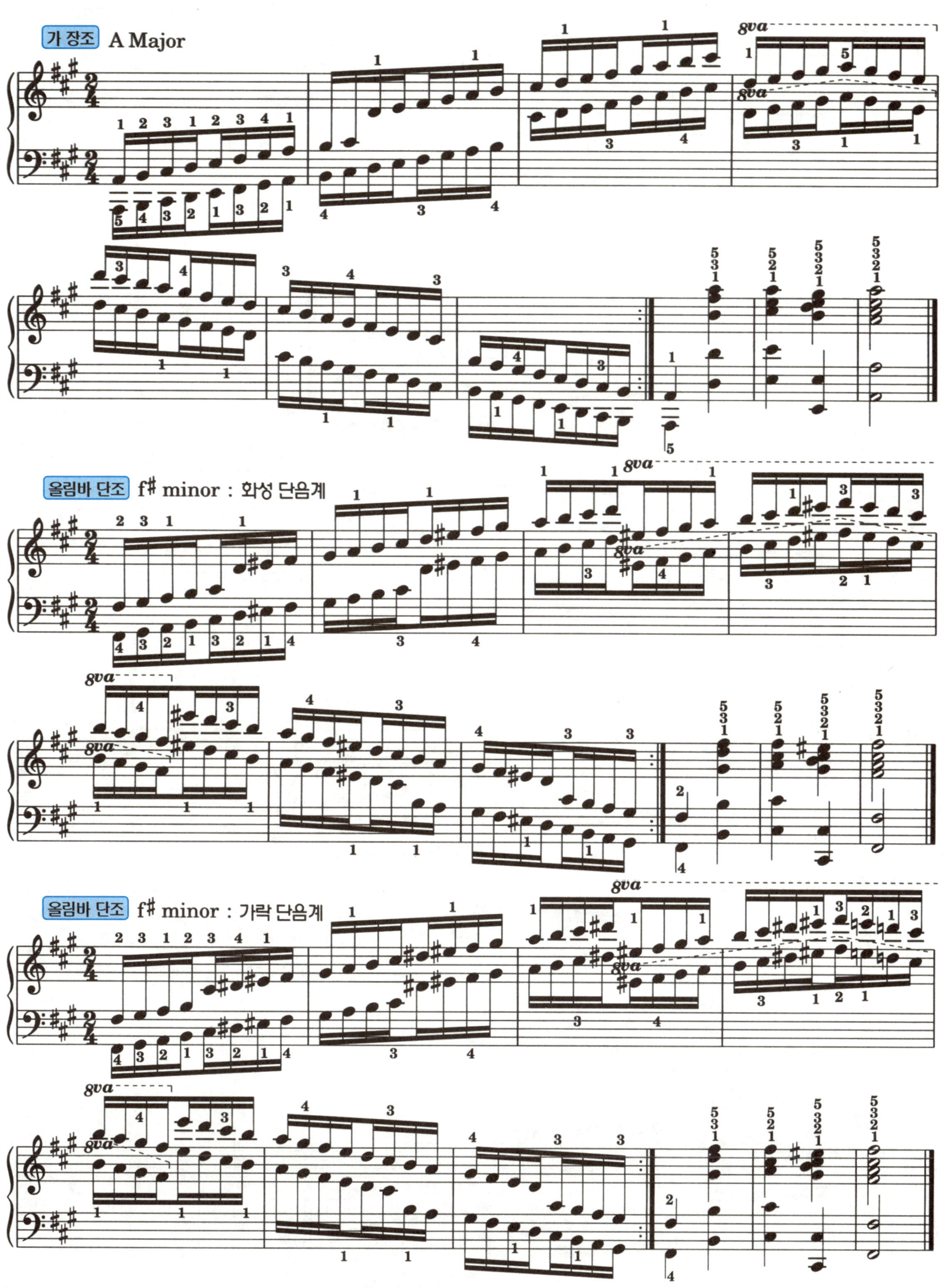
가 장조 A Major
올림바 단조 f# minor : 화성 단음계
올림바 단조 f# minor : 가락 단음계

◆라 장조(D Major)의 나란한 조는 나 단조(b minor)입니다.

◆사 장조(G Major)의 나란한 조는 마 단조(e minor)입니다.

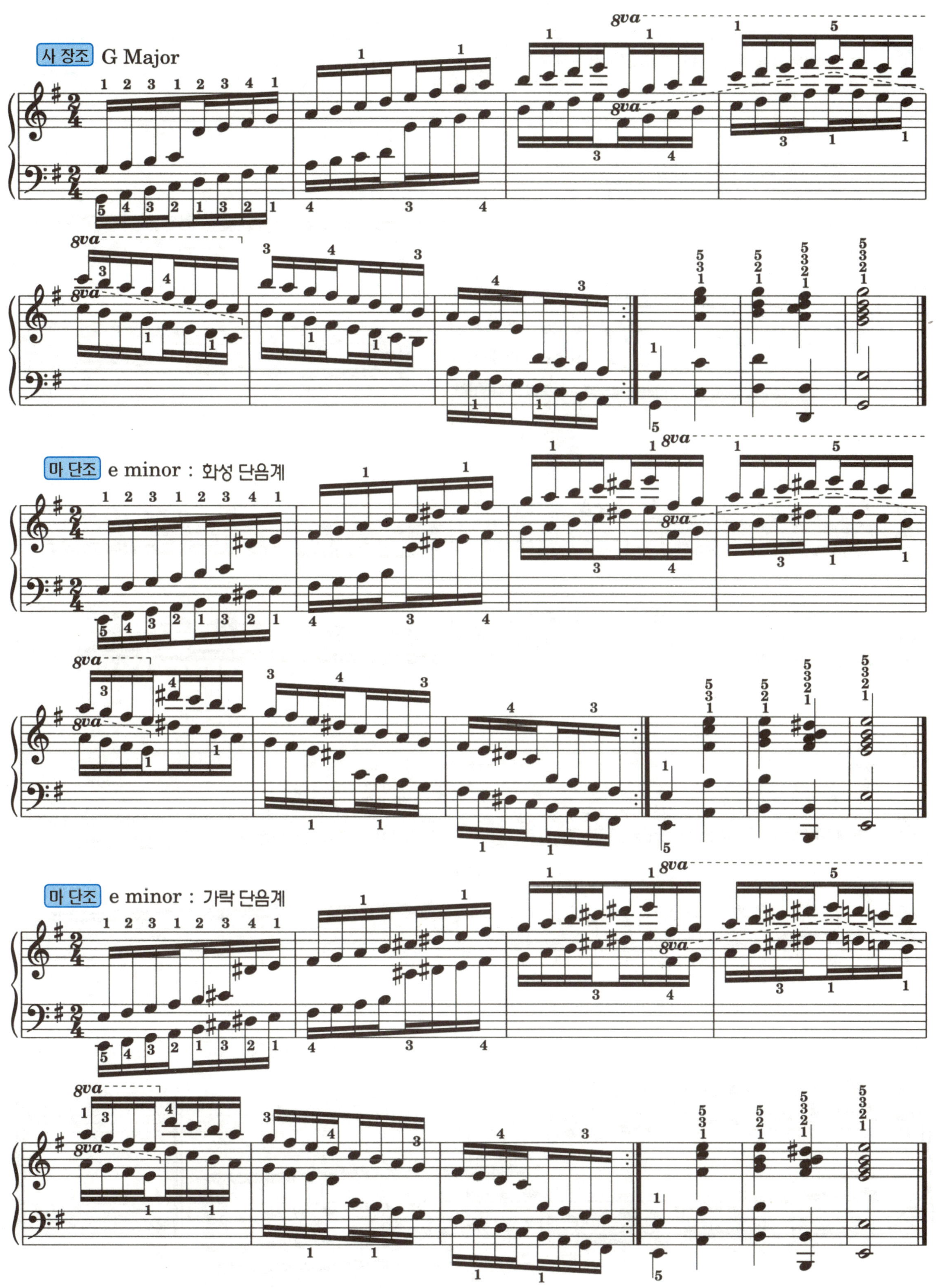

반음계

• 검은건반을 칠 때는 3번 손가락을 사용하면 됩니다.
  반드시 양손 따로 연습해야 하며 외울 정도로 연습해야 합니다.

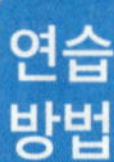

M. M. ♩ = 60~120

● 옥타브

40

● 단3도

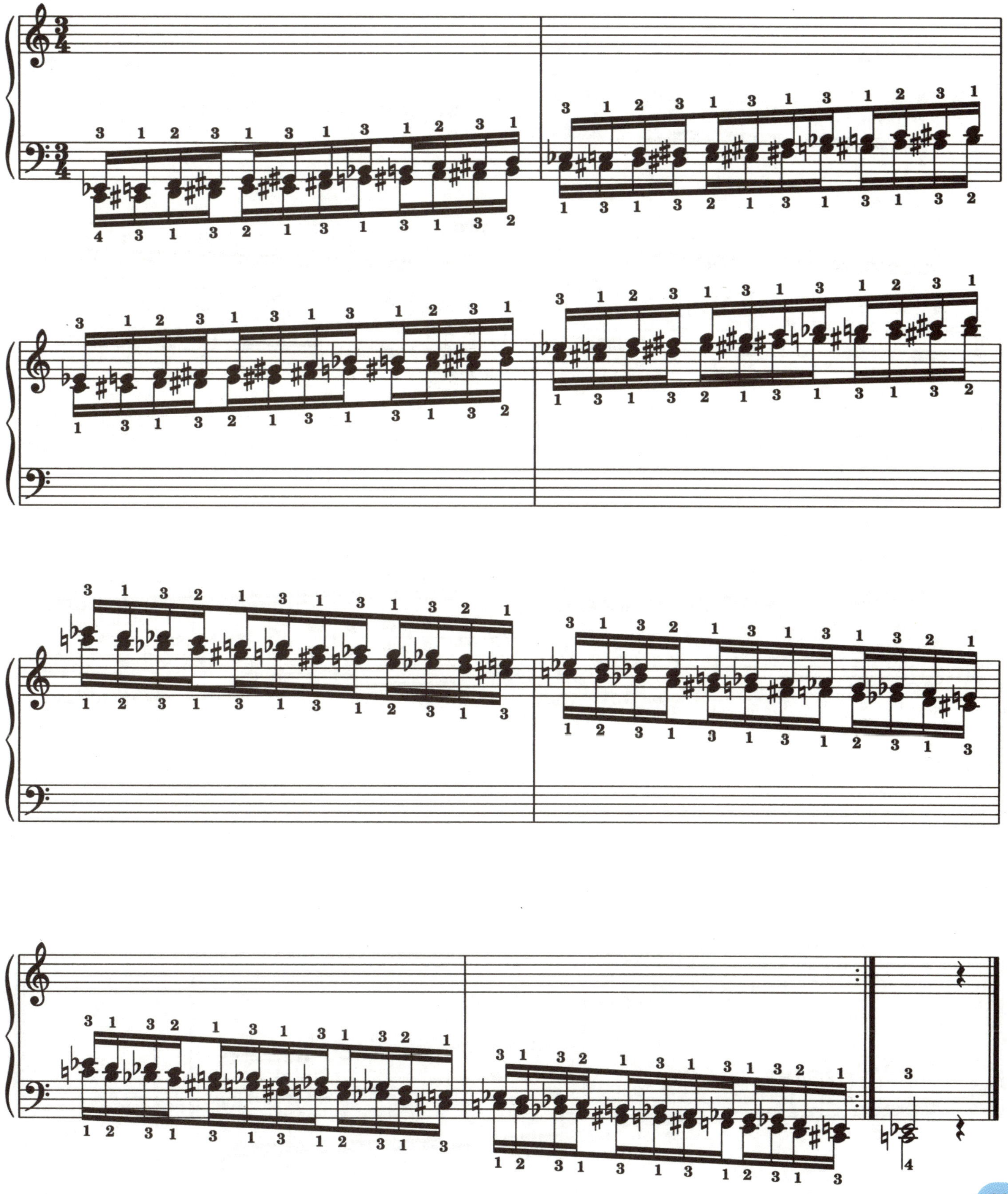

장6도

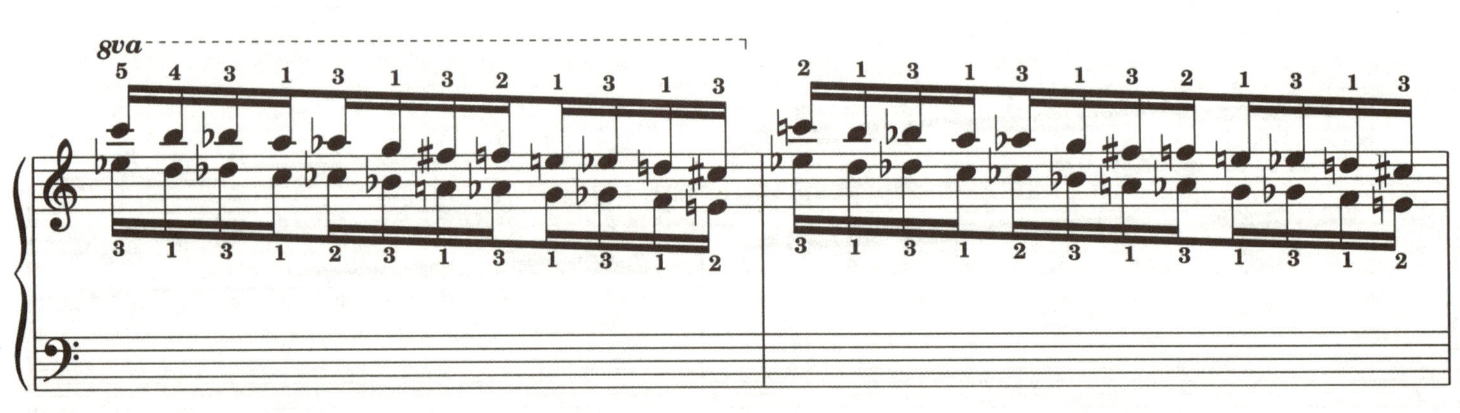

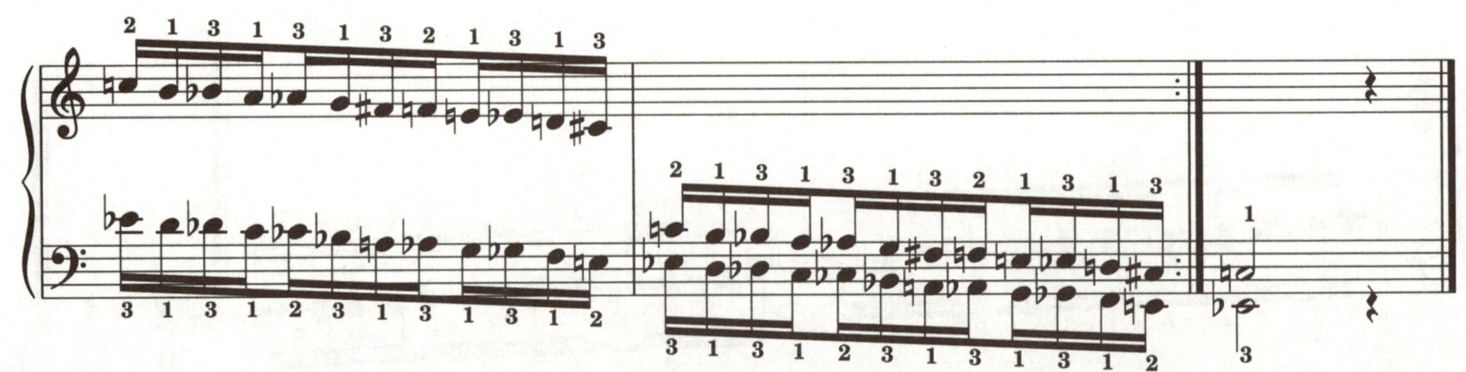

● 단6도

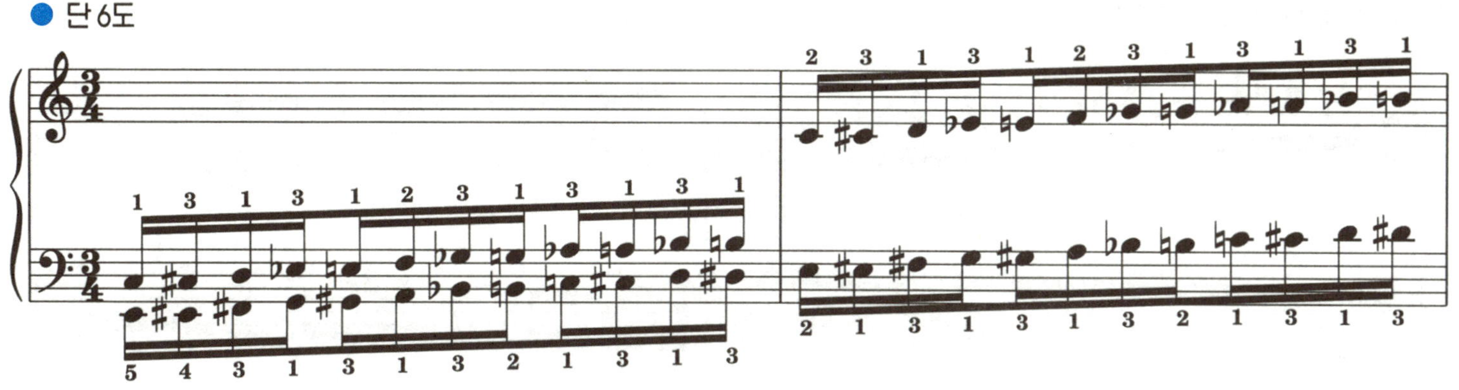

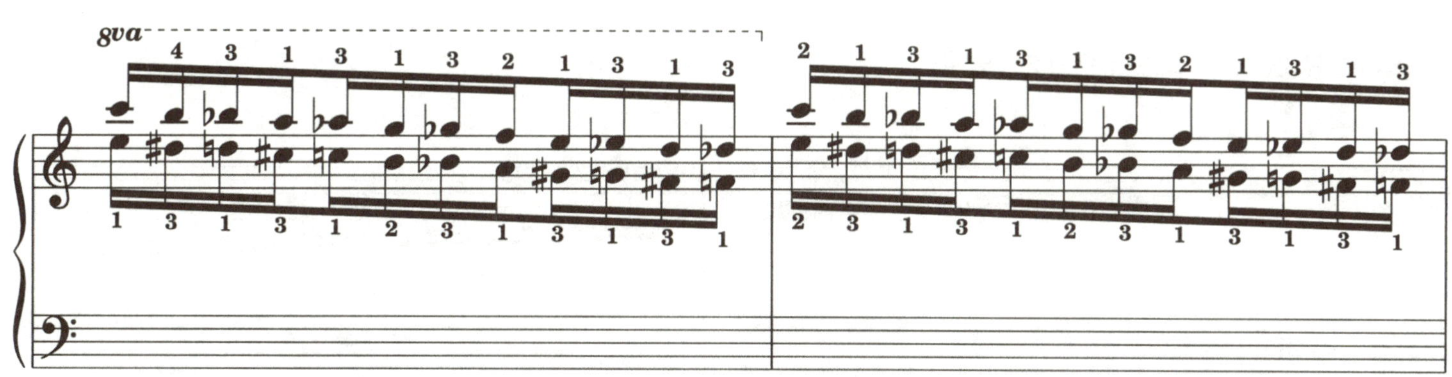

● 4옥타브 장 3도로 시작되는 양손의 반진행

4옥타브의 단 3도로 시작되는 양손의 반진행

레가토로 치기 위한 손가락 연습

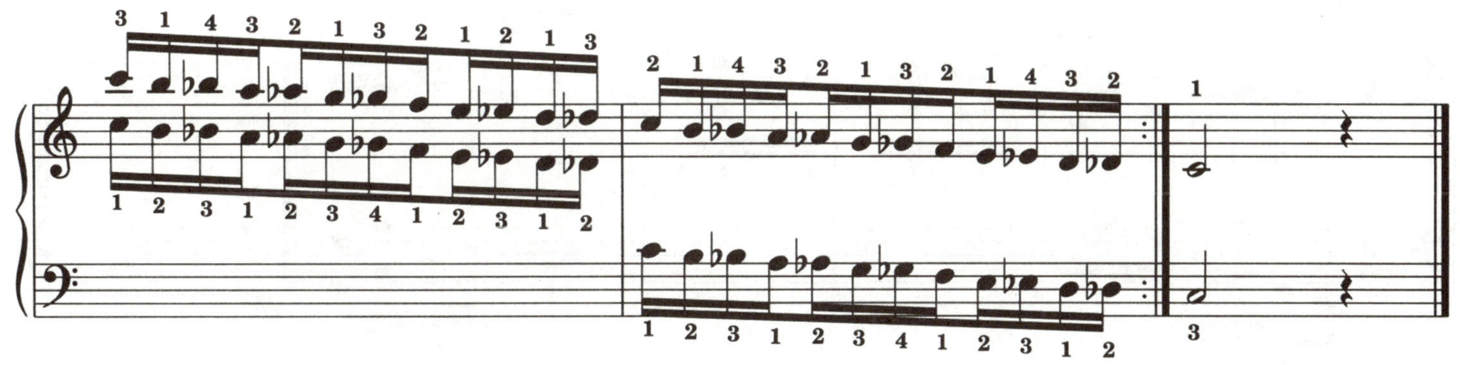

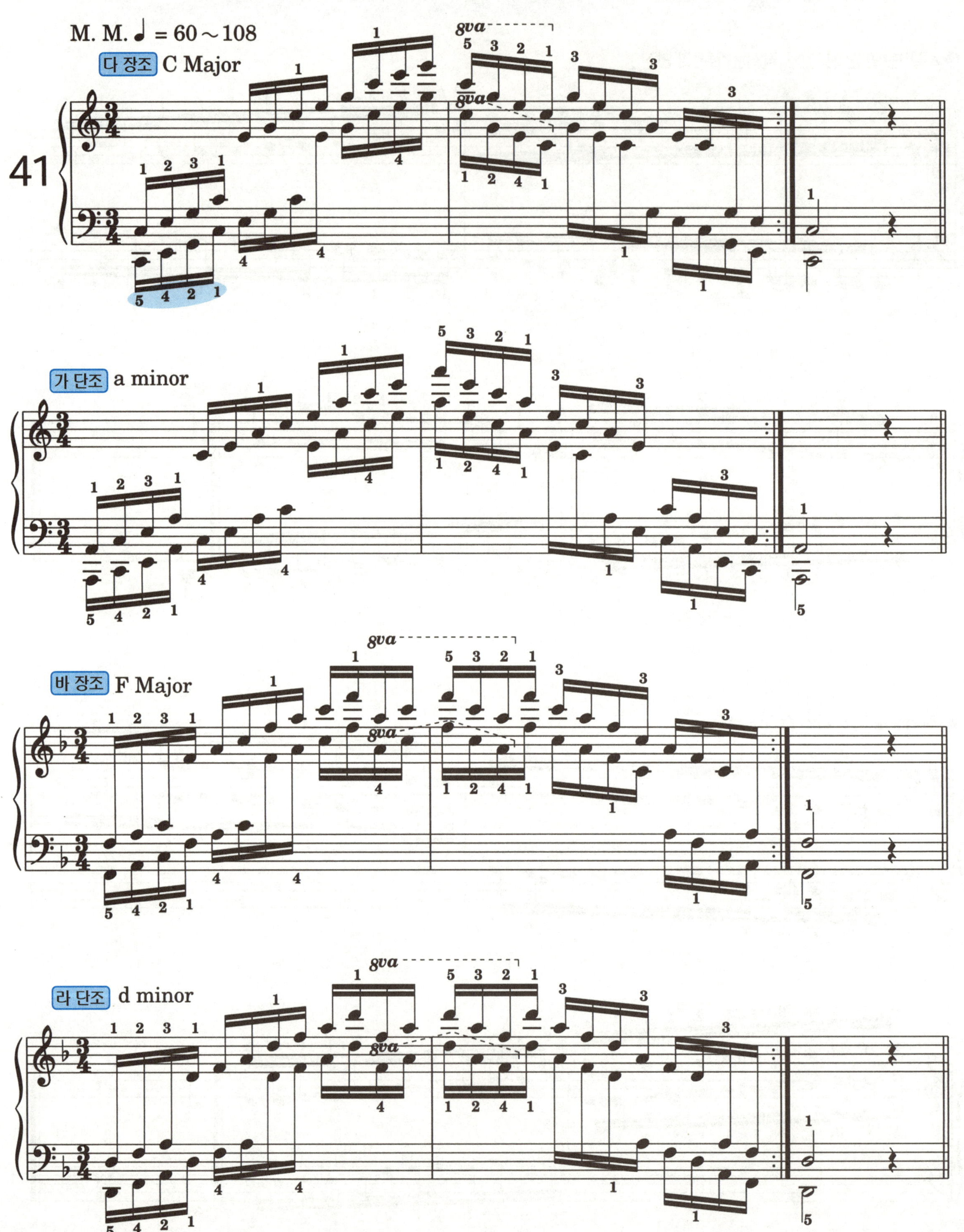

왼손의 손가락 번호(5-4-2-1)에 주의하세요.

내림나 장조 B♭ Major 
사 단조 g minor 
내림마 장조 E♭ Major 
다 단조 c minor
8va

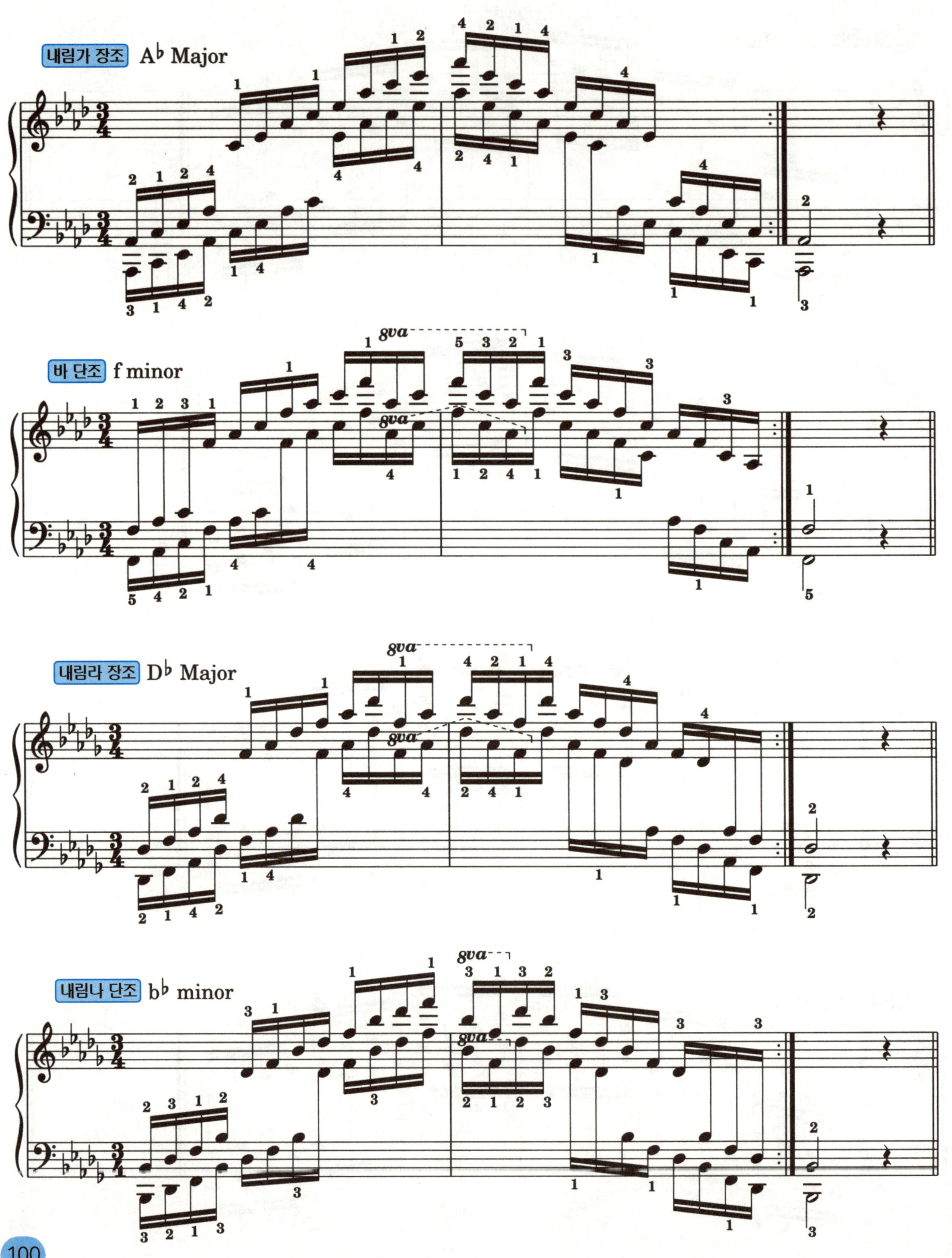

내림가 장조　A♭ Major
바 단조　f minor
8va
내림라 장조　D♭ Major
8va
내림나 단조　b♭ minor
8va

내림사 장조 G♭ Major 
내림마 단조 e♭ minor 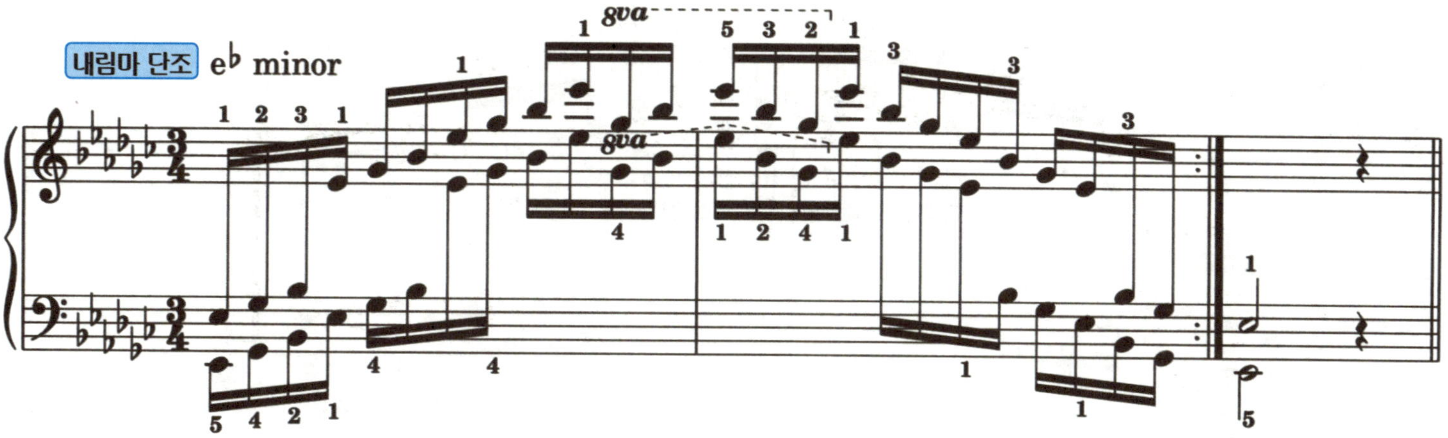
8va
나 장조 B Major 
8va
올림사 단조 g♯ minor

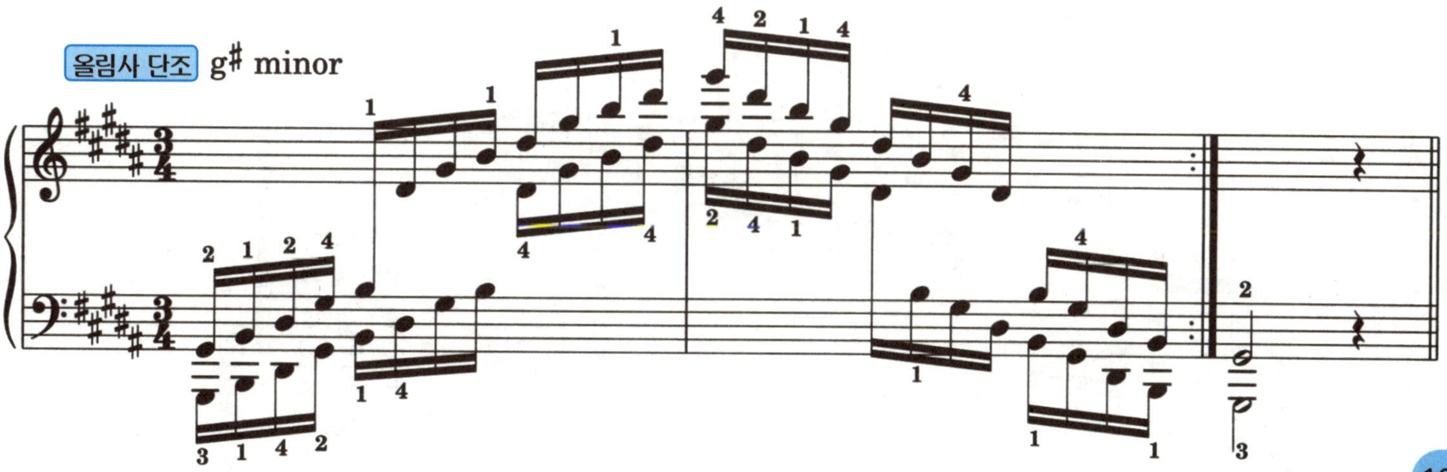

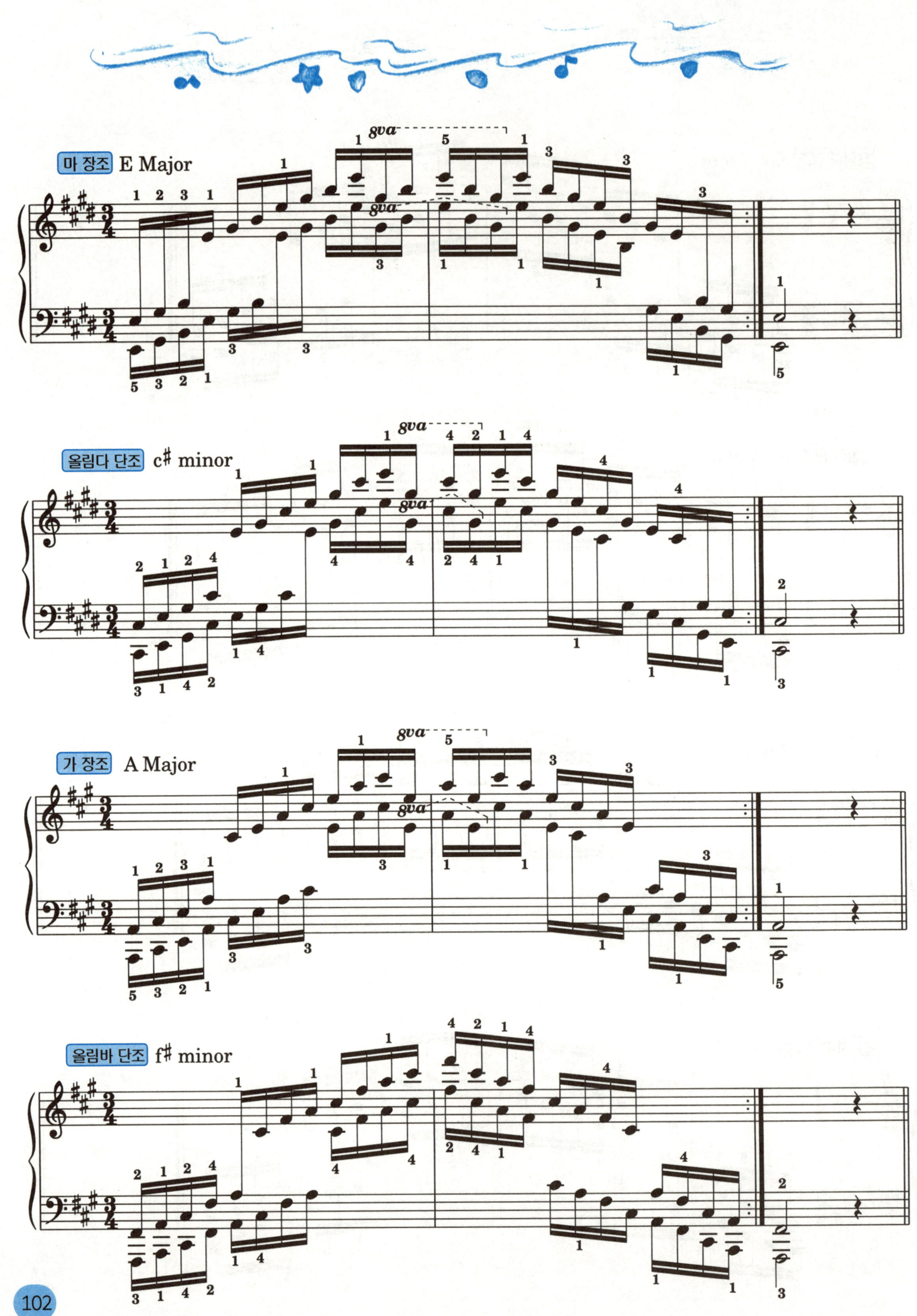

마 장조 E Major
올림다 단조 c# minor
가 장조 A Major
올림바 단조 f# minor
102

라 장조 D Major 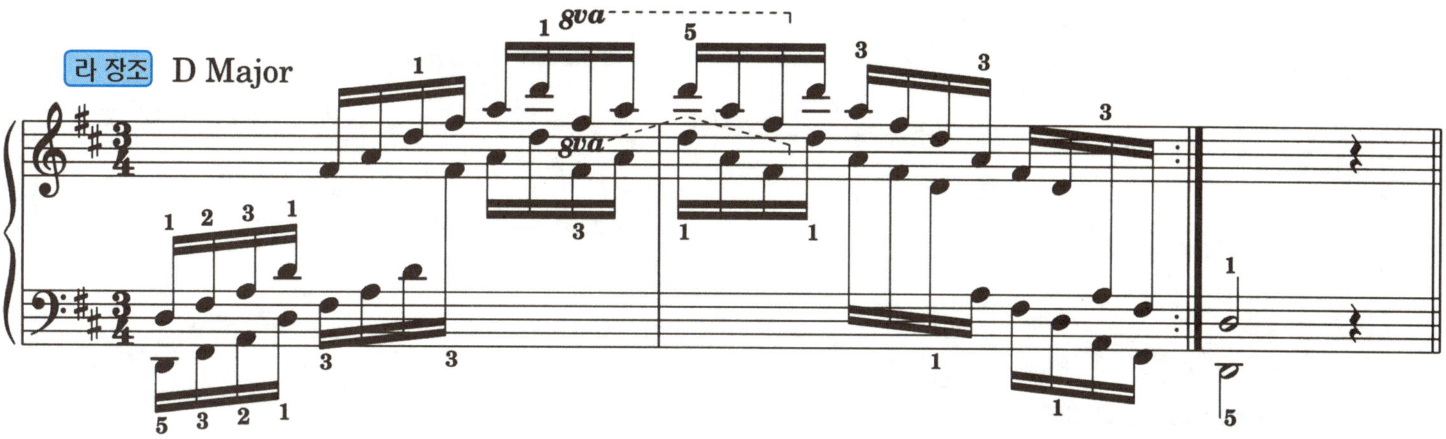
나 단조 b minor 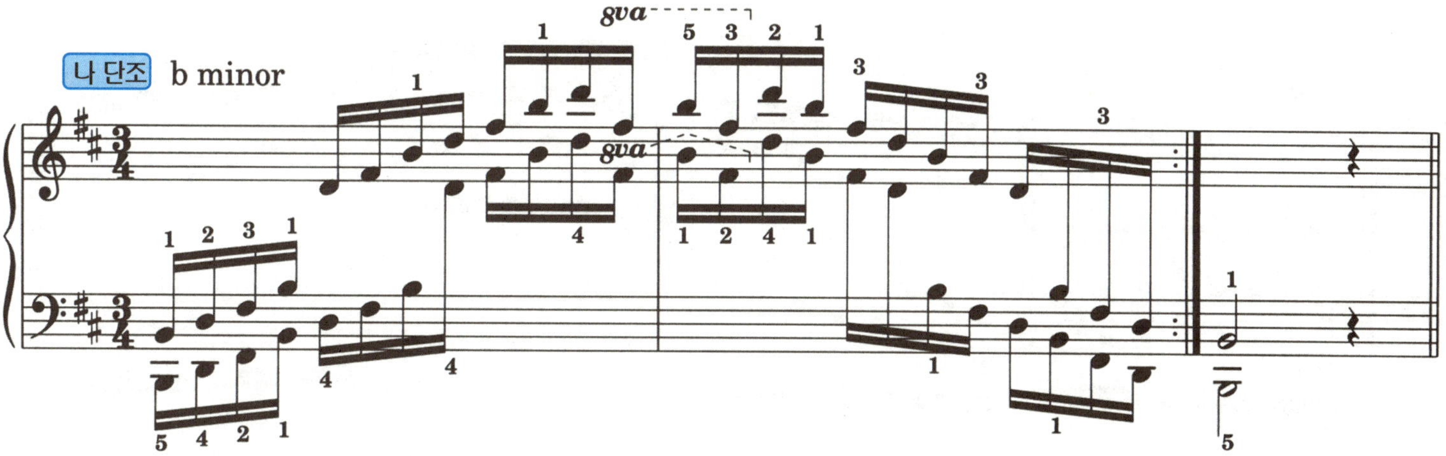
사 장조 G Major 
마 단조 e minor

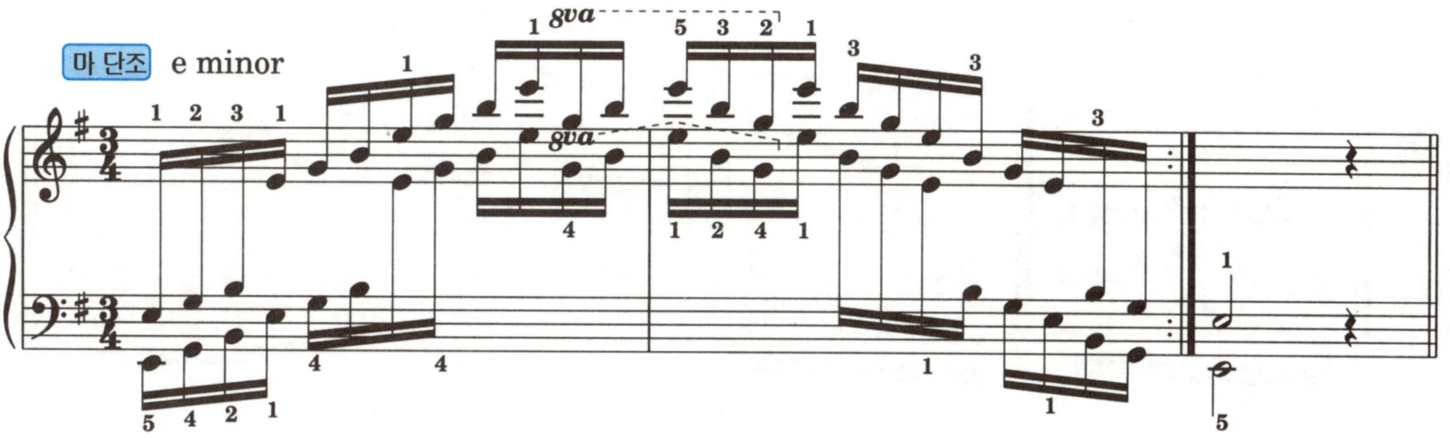

감 7화음의 아르페지오 연습

◆다섯 손가락을 벌려서 치는 연습

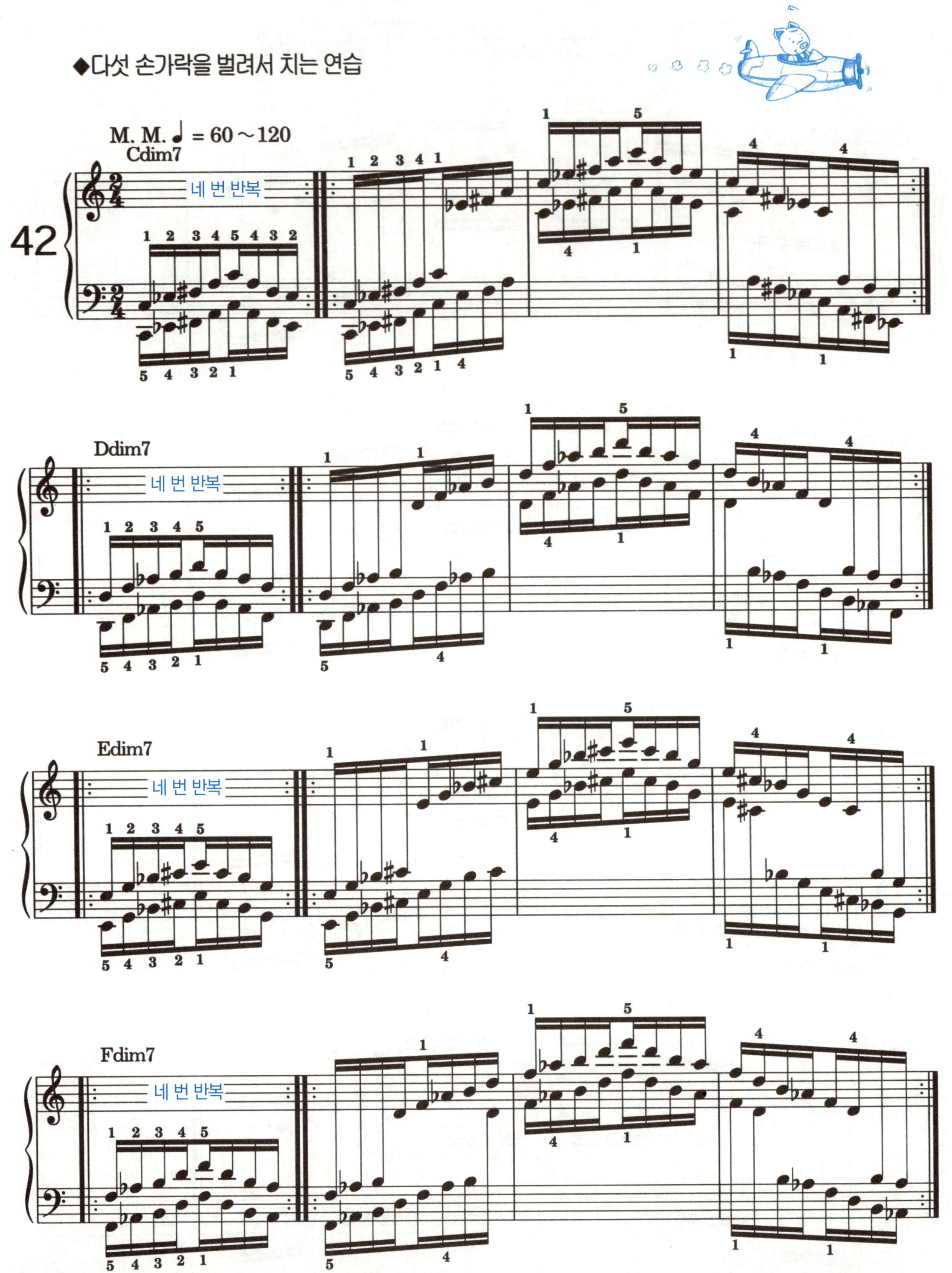

● 9쪽의 아르페지오 연습을 참고하세요.
dim7(diminished seventh chord)은 '감 7화음'을 말합니다.

Gdim7

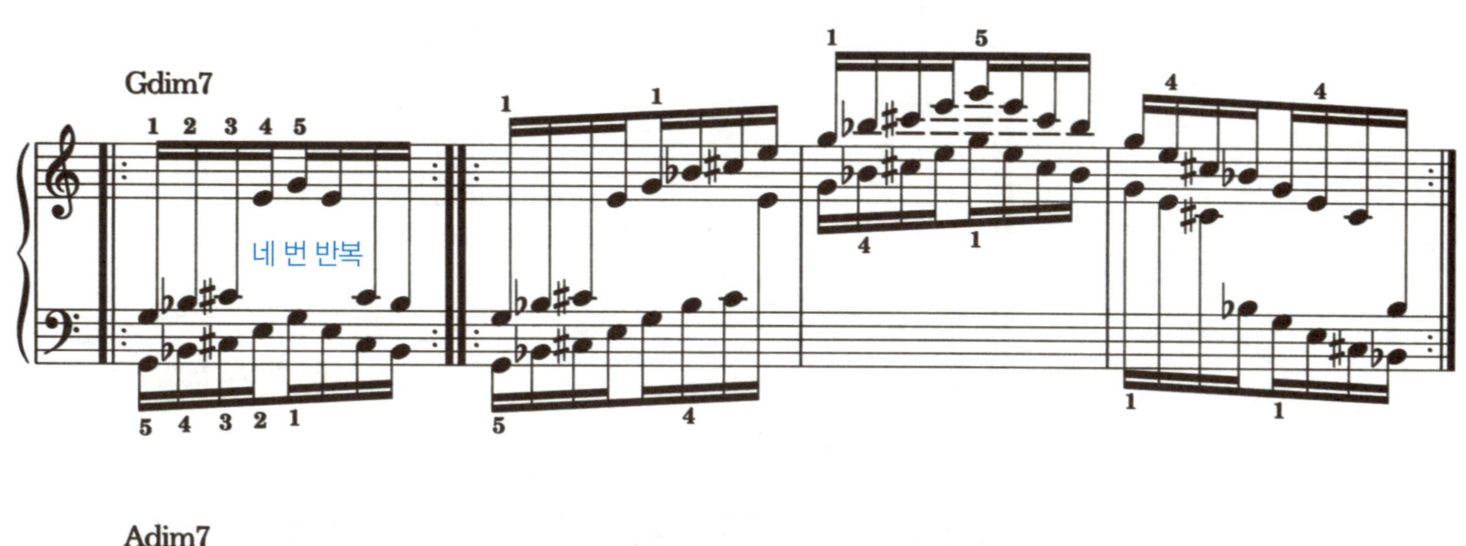

Adim7

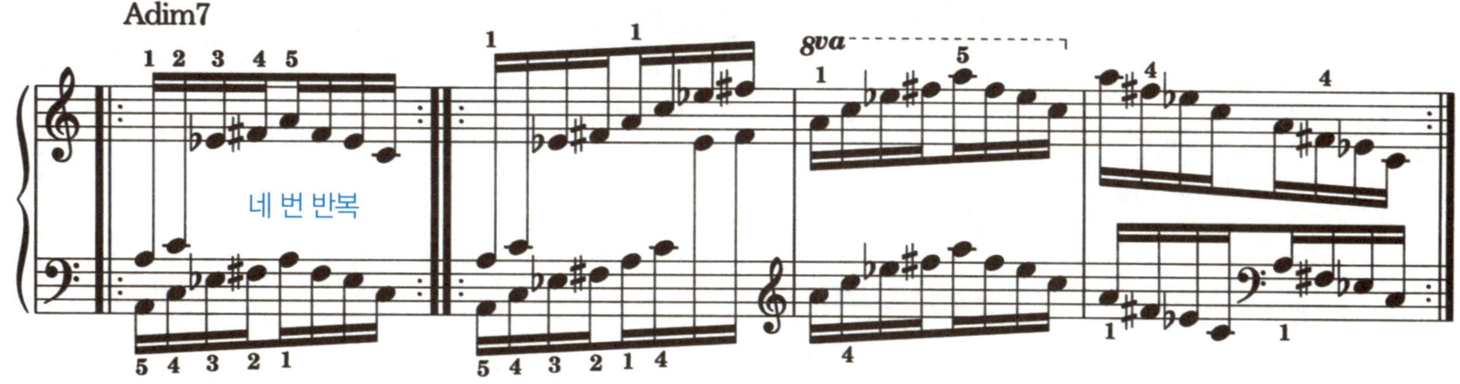

Bdim7

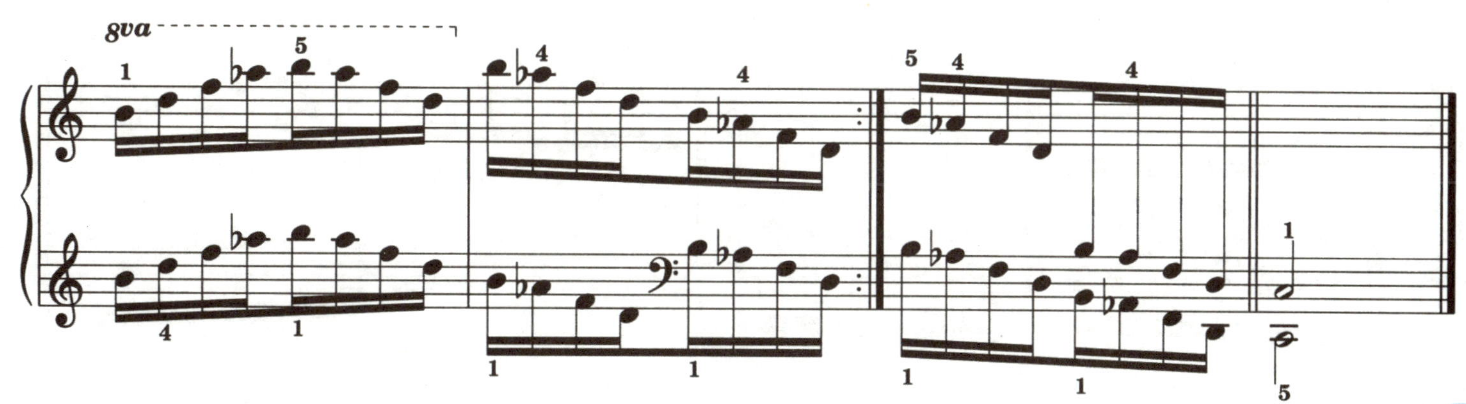

딸림 7화음의 아르페지오 연습

◆다섯 손가락을 벌려서 치는 연습

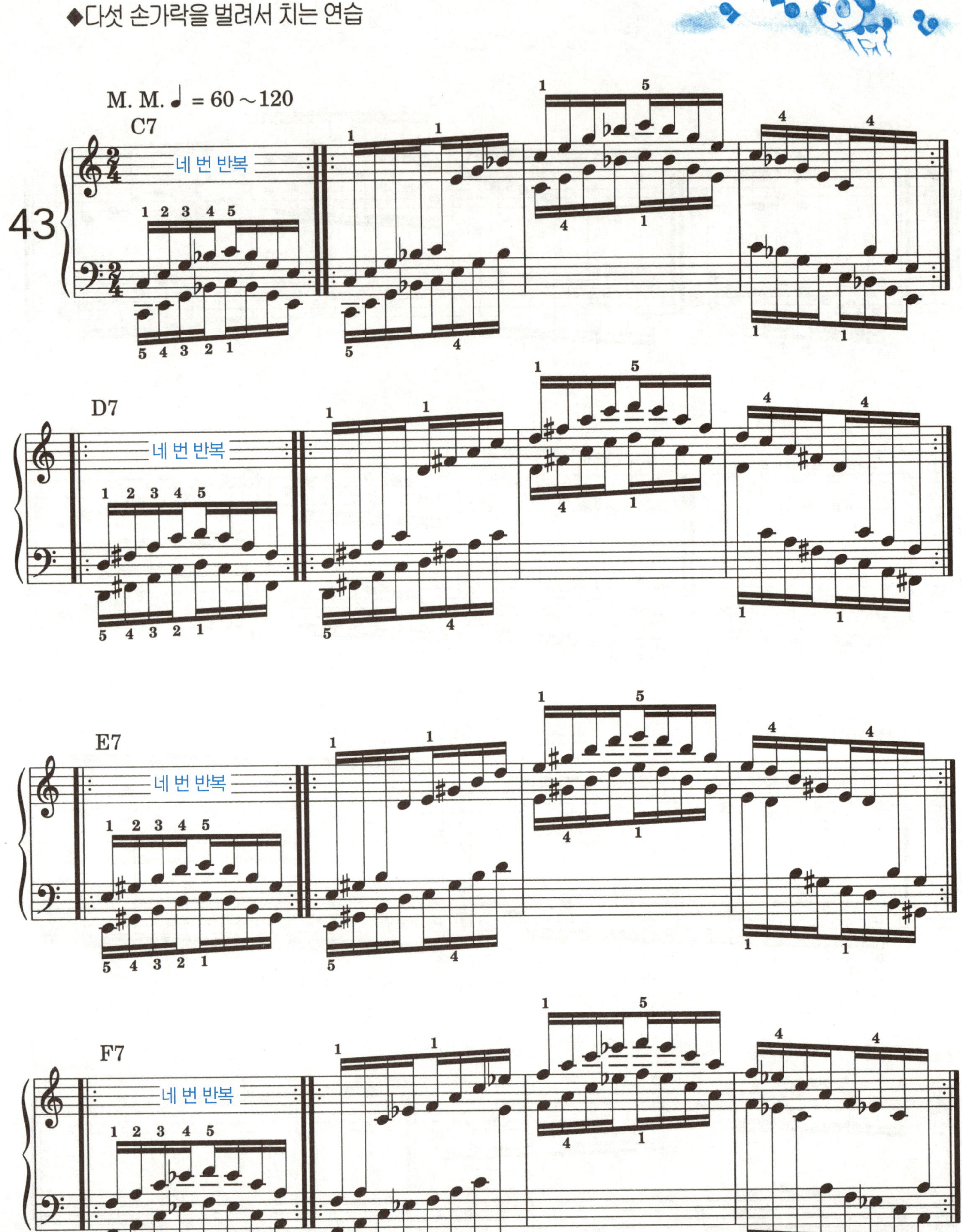

 ● 17쪽의 아르페지오 연습을 참고하세요.

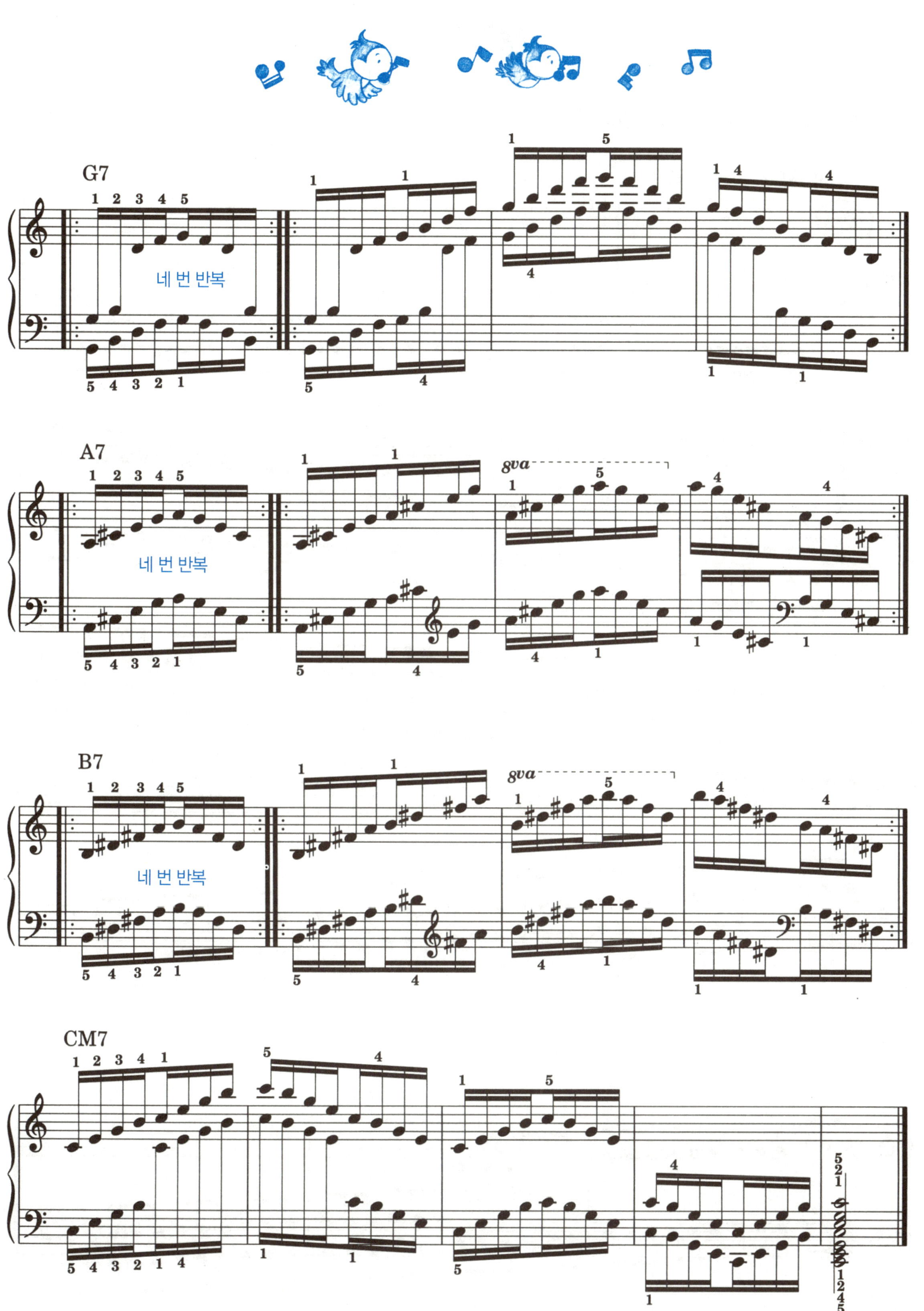

● C7은 딸림7화음(dominant seventh chord)을 말하며, CM7은 장7화음(major seventh chord)을 말합니다.

제3부

최고의 테크닉을 익히기 위한 연습

◆3개의 같은 음 연속 타건 연습

M. M. ♩ = 60〜120

- 손가락 번호를 정확하게 지키고 손목이나 팔이 올라가지 않도록 주의합니다.
- 처음의 4마디를 잘 칠 수 있게 되었을 때 그다음 연습을 시작하세요.

두 음이 슬러로 이어져 있을 때는 첫음에 악센트를 붙입니다.
(1)을 자신 있게 칠 수 있을 때 다음으로 넘어가세요. (6)까지 자신 있게 칠 수 있으면 (1)∼(6)을 연결하여 연습하세요.

● 4-5번 손가락 연습
(4)
simile
● 1-3번 손가락 연습
(5)
simile
● 2-4번 손가락 연습
(6)
simile

46

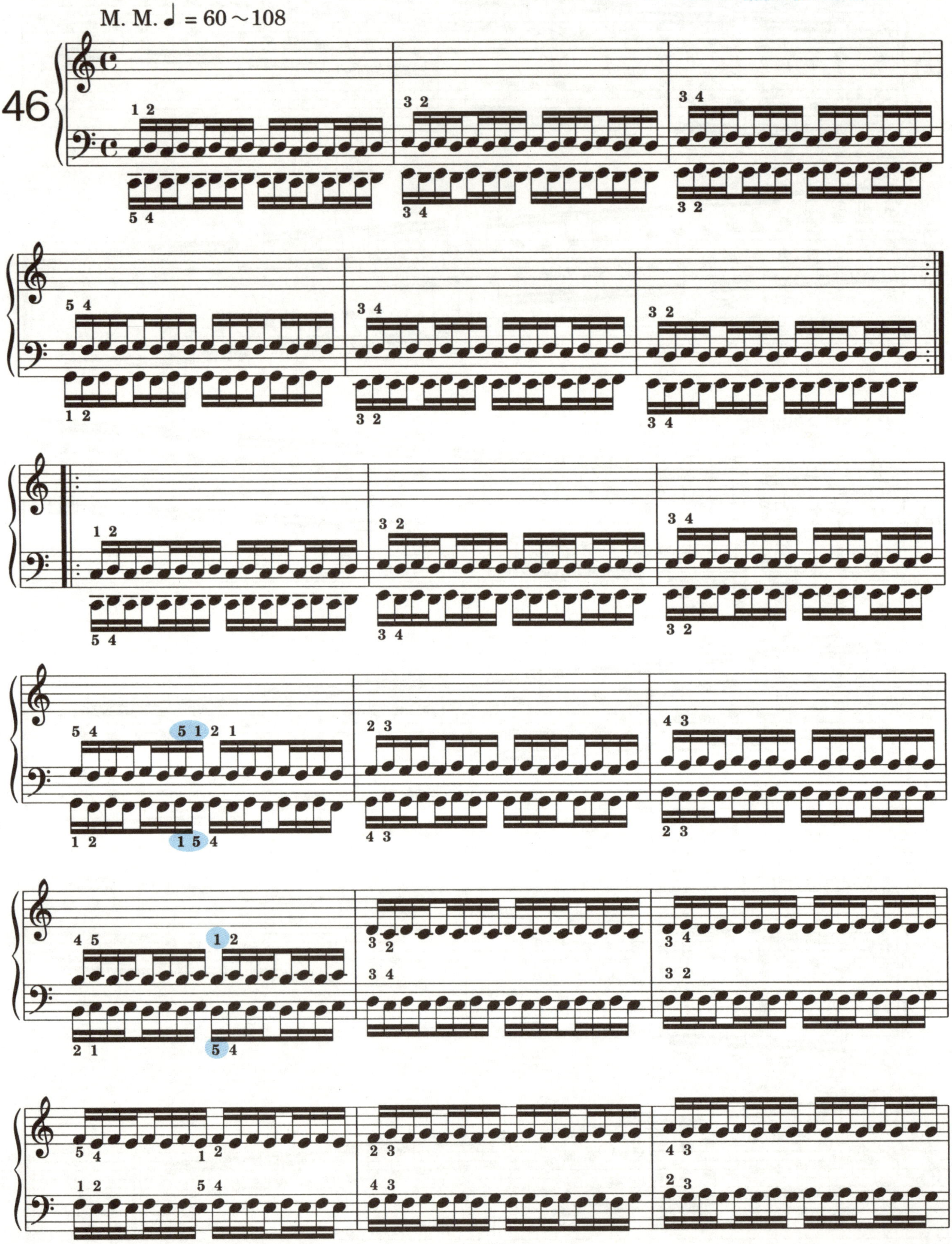

● 처음 6마디를 어느 정도 빨리 칠 수 있을 때까지 충분히 연습한 후 다음 단계로 넘어가세요.
　손가락을 바꾸는 것이 눈에 띄지 않도록 주의하세요.

● 모차르트는 트릴 연습에 이 곡을 사용했다고 합니다.

◆4개의 같은 음 연속 타건 연습

● 건반이 올라오기 전에 다음 음을 치게 되면 정확한 음을 낼 수 없습니다.

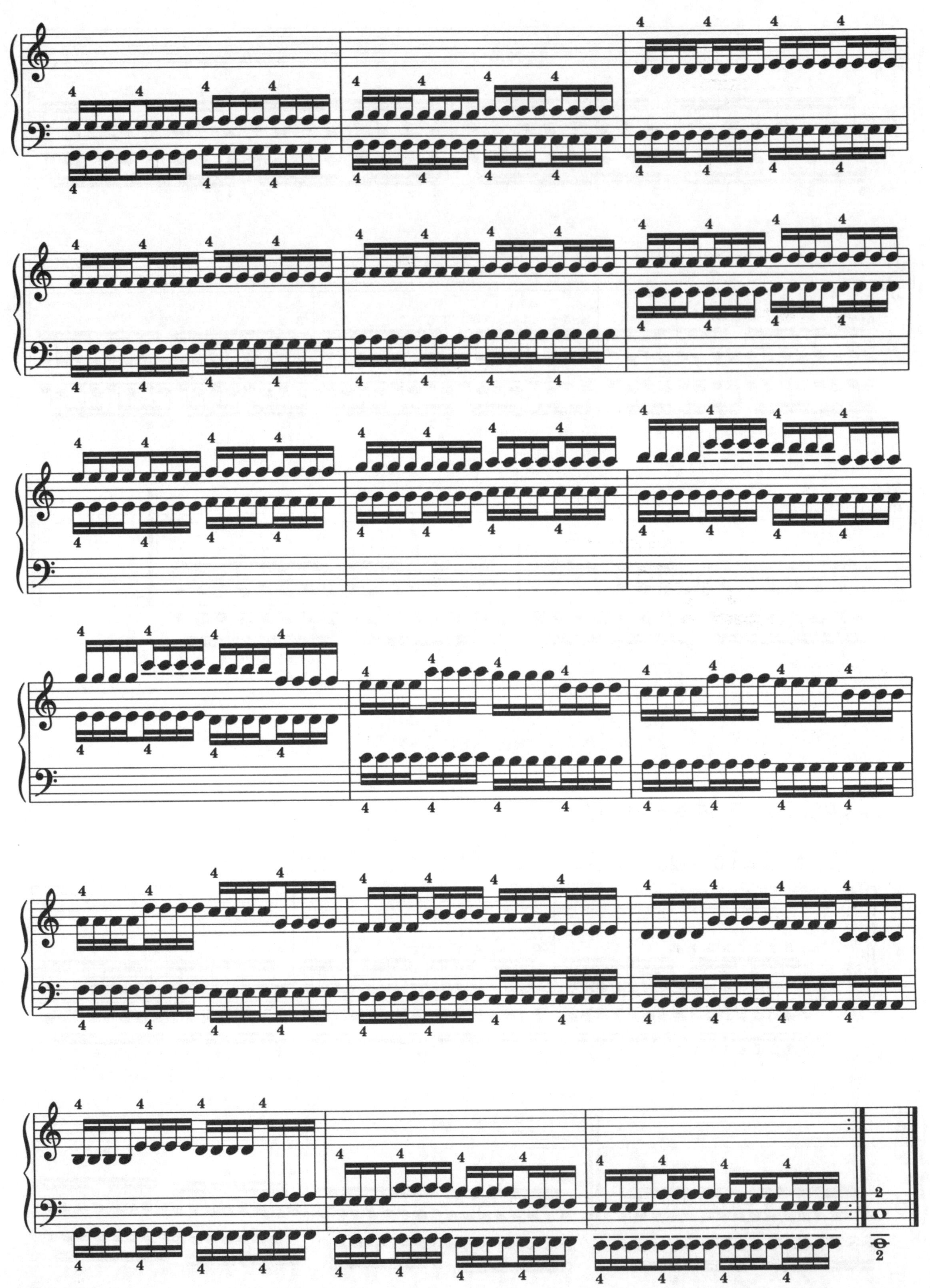

● 손가락의 모양을 바르게 하고 손목을 자연스럽게 움직입니다. 이때 팔은 움직이지 않도록 주의하세요.
(음은 끊어져도 좋습니다.)

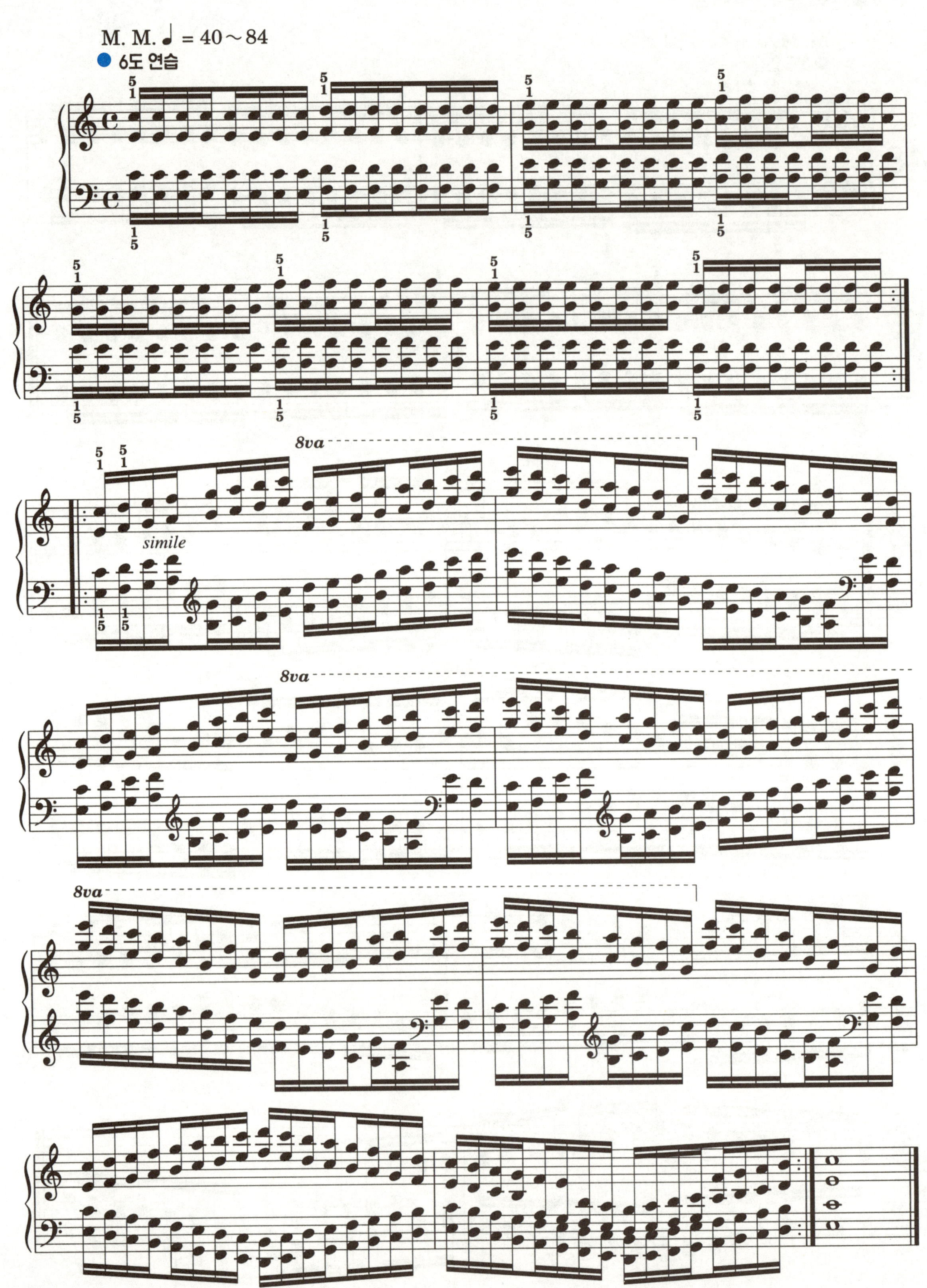

● 앞의 3도 연습 때와 같은 주의가 필요합니다.

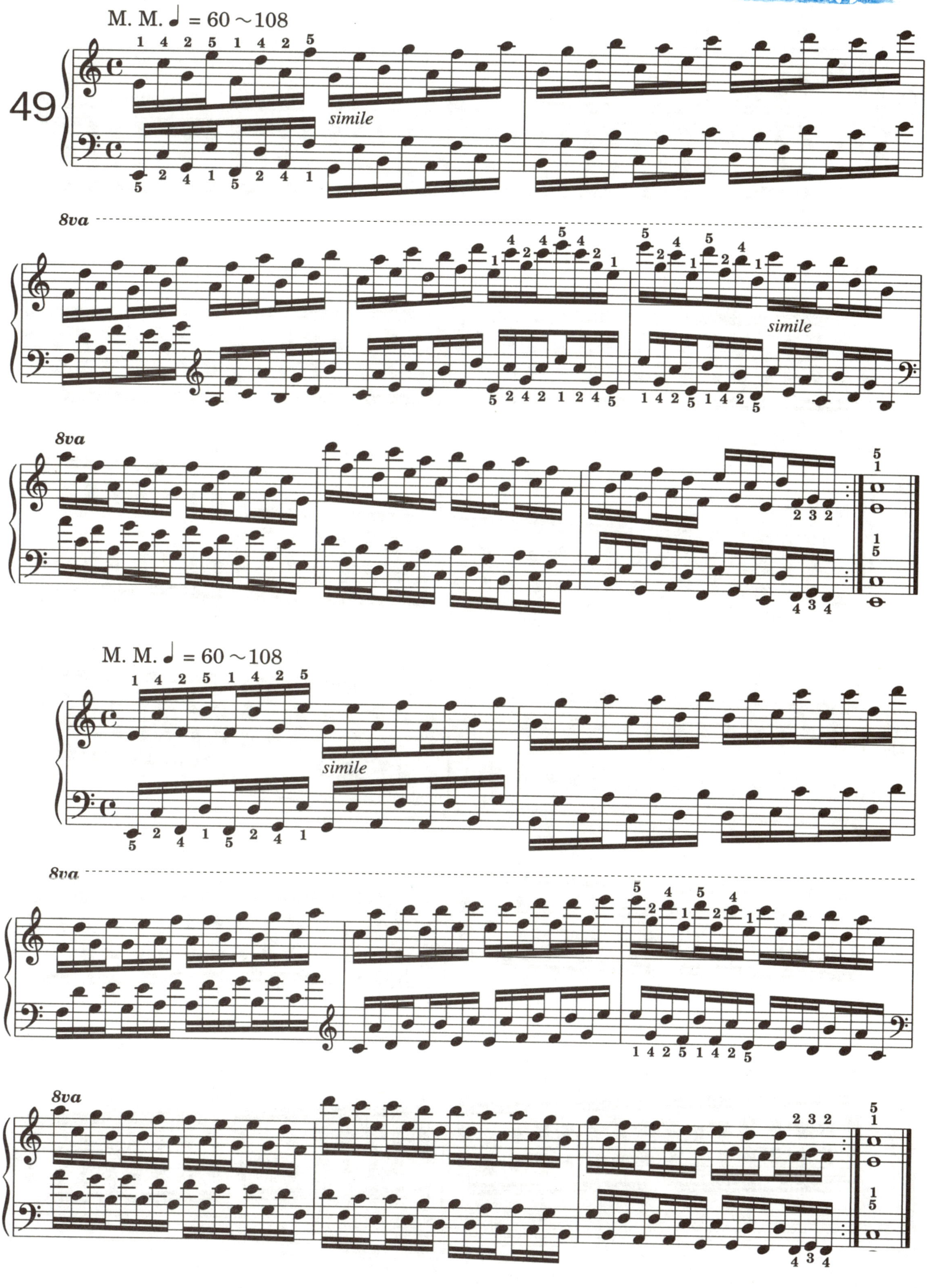

● 손목을 자연스럽게 회전시켜 연습합니다.

M. M. ♩ = 40~84

50

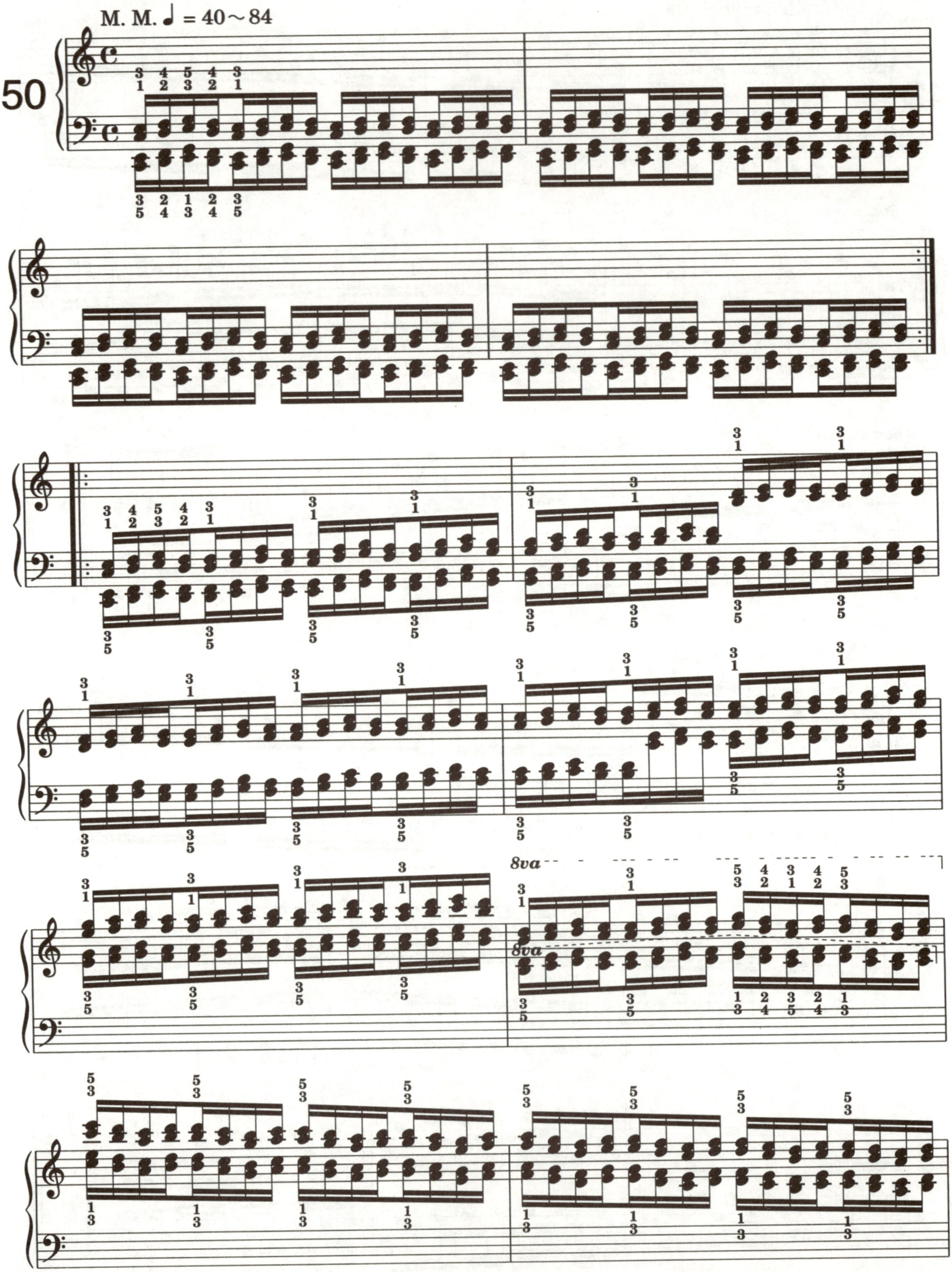

● 3도 겹음은 어려운 곡에서 자주 사용되므로 모든 음이 또렷하고 고르게 나도록 연습하세요.
각 박의 첫음에 악센트를 붙여서 연습합니다.

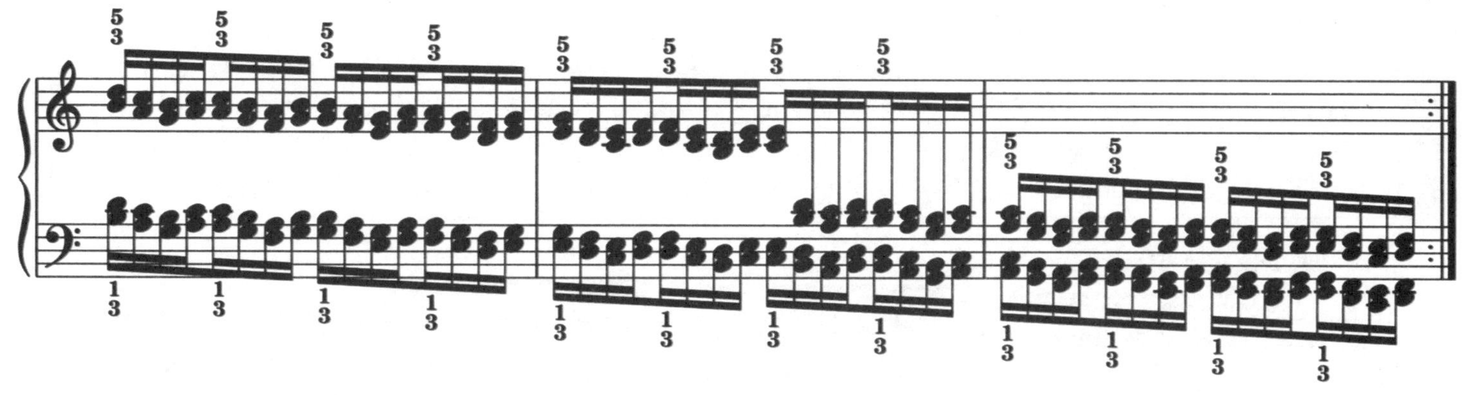

◆3도 겹음의 음계를 레가토로 치는 연습

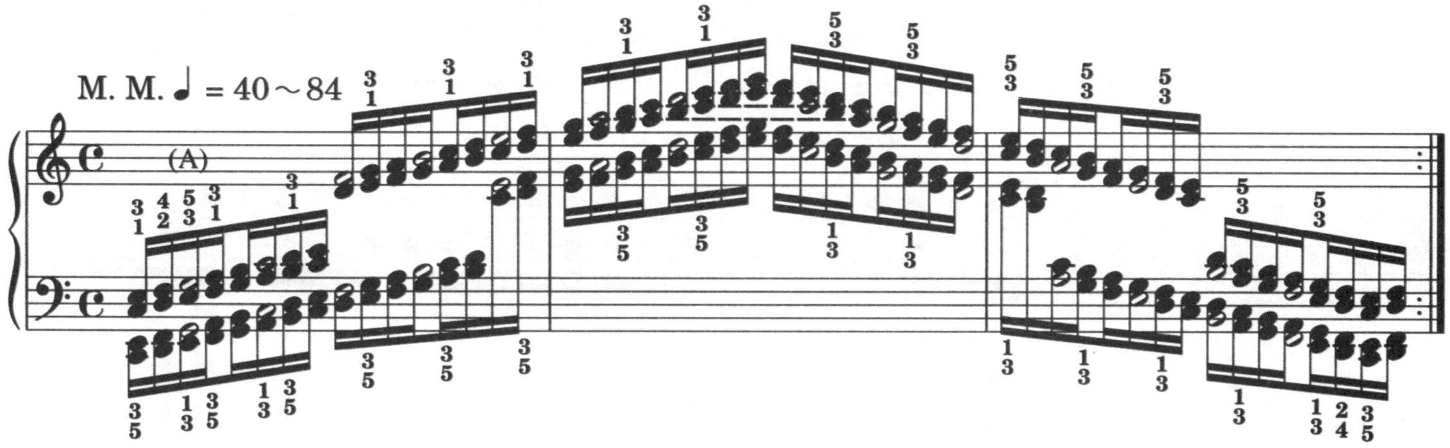

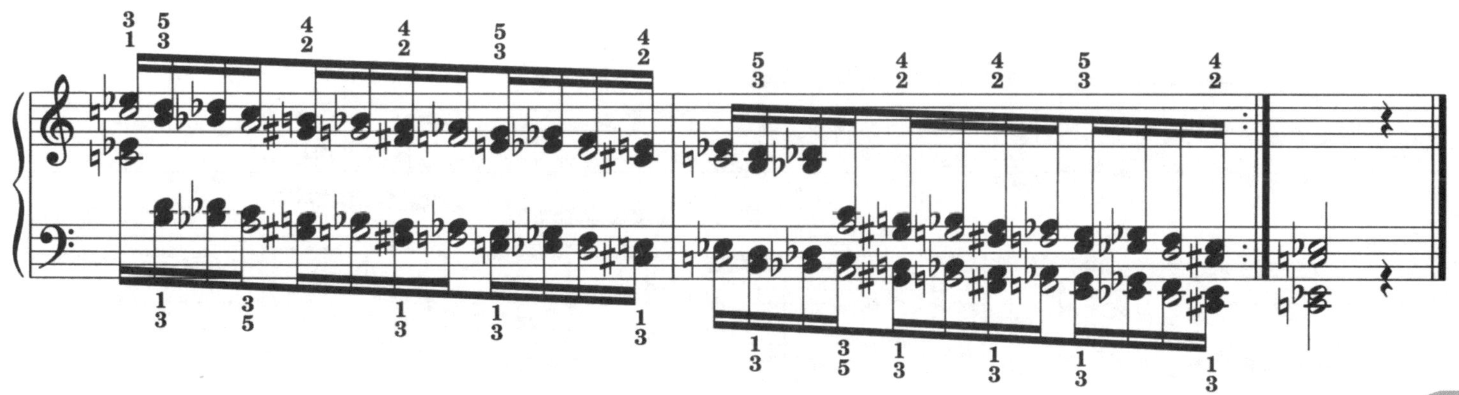

● (A)처럼 2분음표로 표시된 음(오른손 5번 손가락과 왼손 1번 손가락)은 그다음 음이 나올 때까지 누르고 있어야 합니다.
이것은 매우 중요합니다.

■ 옥타브로 음계를 치기 위한 연습 ■

- 1번과 5번 손가락을 자연스럽게 펴서 옥타브에 놓고 다른 손가락은 약간 둥글게 하고 손목을 부드럽게 해서 확실히 누릅니다. 손목이 유연하고 자연스럽게 움직일 때까지 앞 8마디를 처음에는 서서히 되풀이하여 연습한 다음 점차 빨리하면 전체를 쉬지 않고 칩니다.
손목이 피로해지면 점차적으로 속도를 늦추면서 치고 피로가 풀리면 다시 속도를 빨리 하면 됩니다.

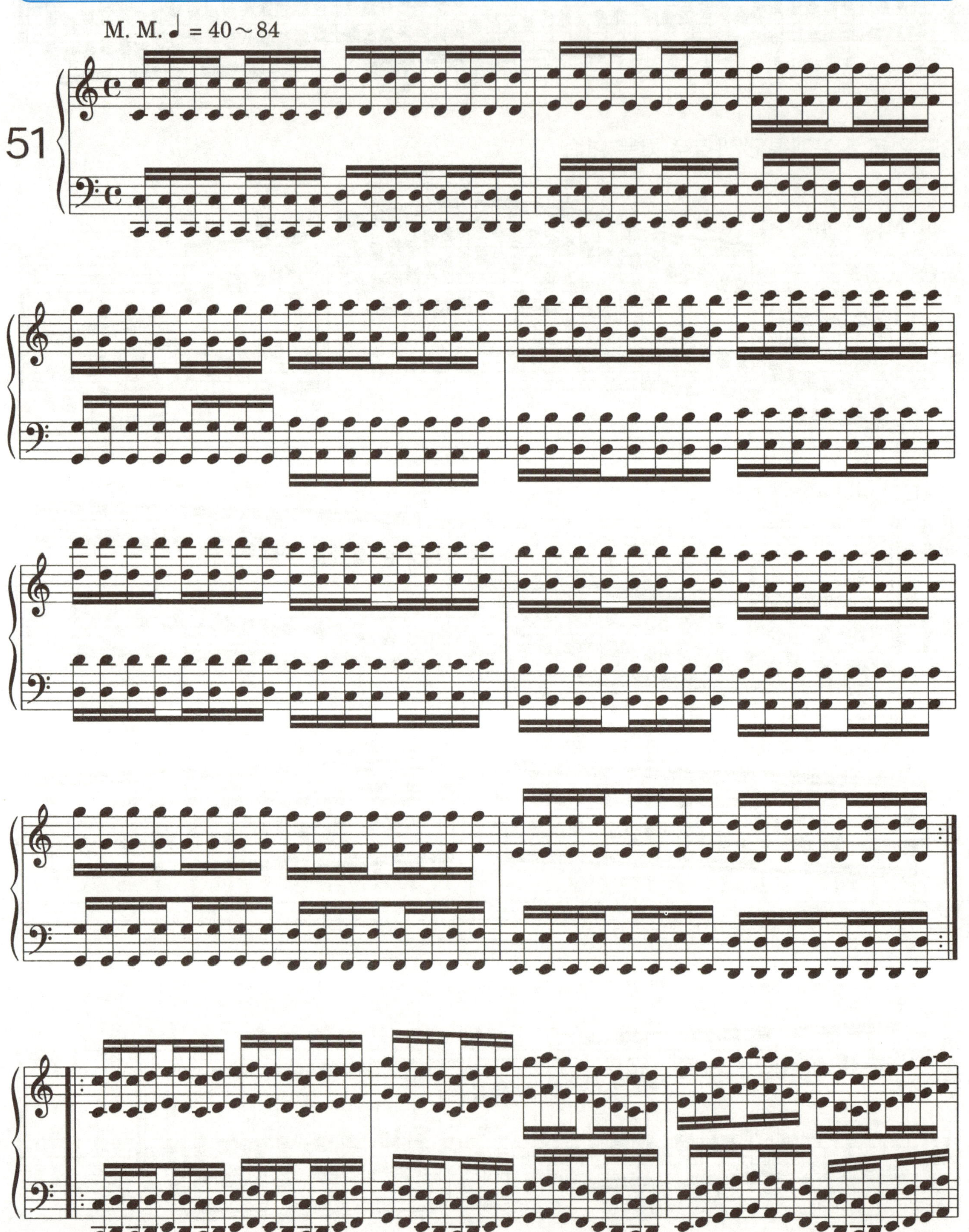

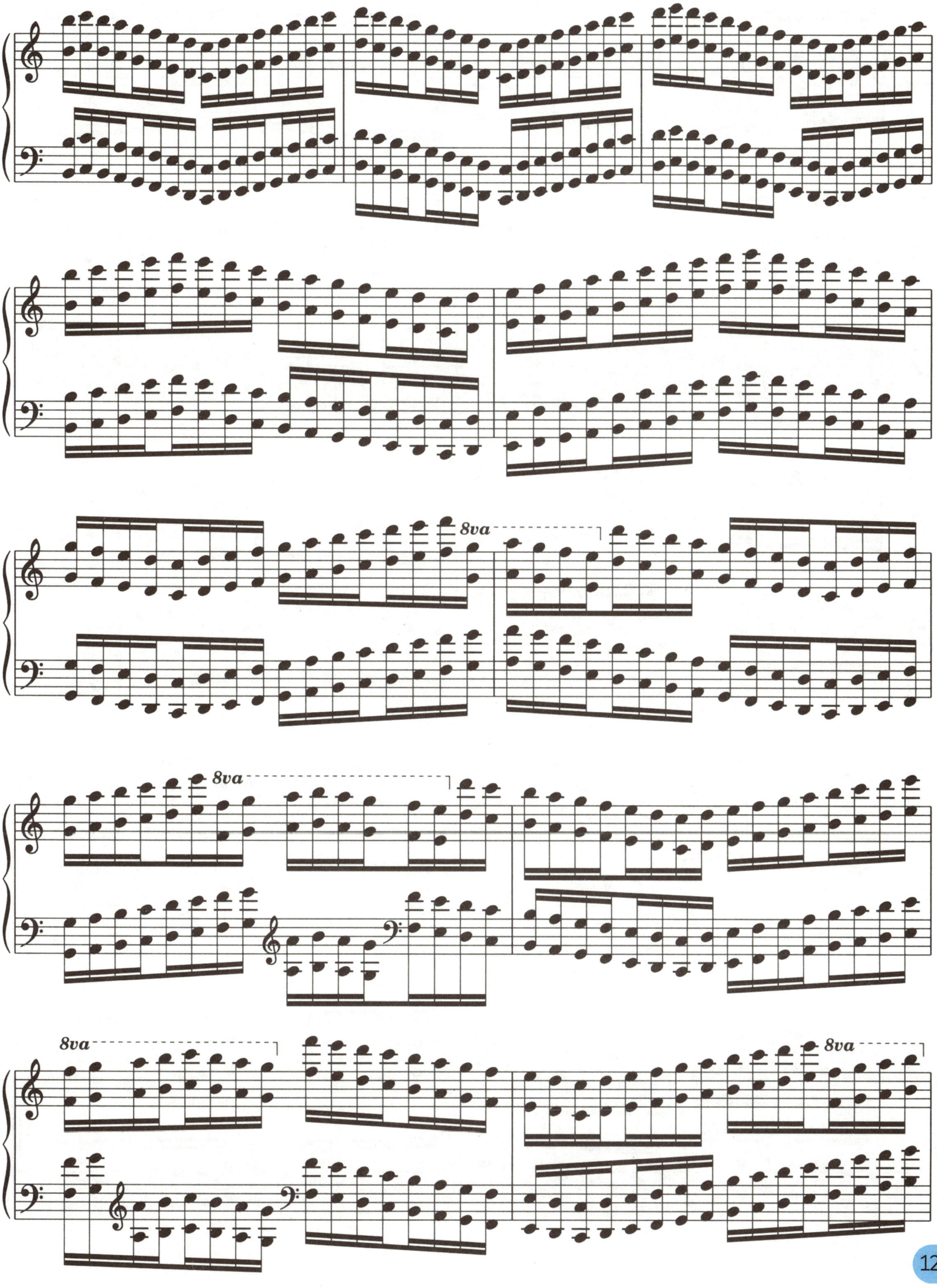

8va
8va
8va
8va

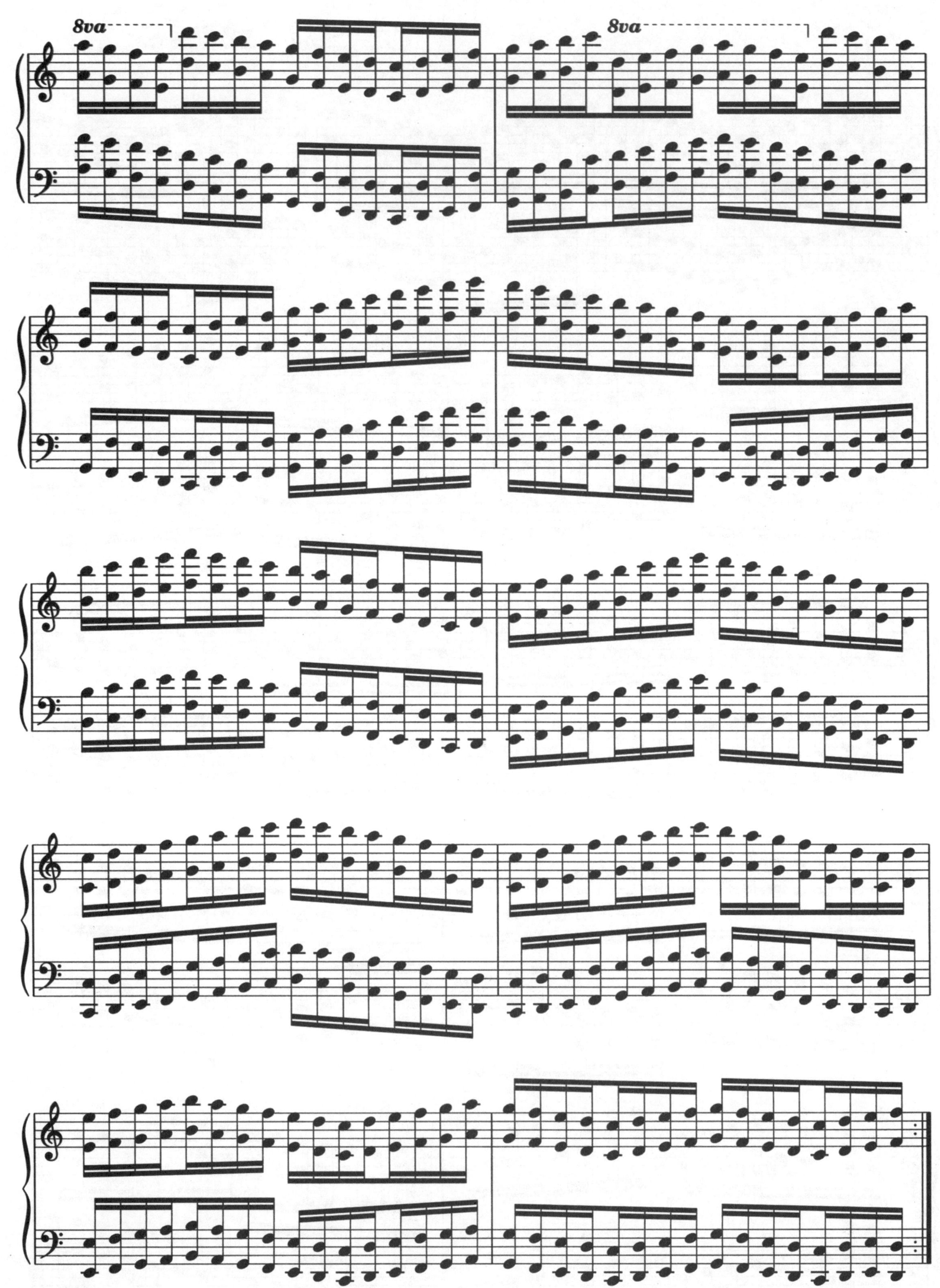

8va
8va

● 검은건반은 4번 손가락으로 연주합니다.

◆3도 겹음의 음계 연습
M. M. ♩ = 40∼84
다 장조 C Major
사 장조 G Major
라 장조 D Major
52

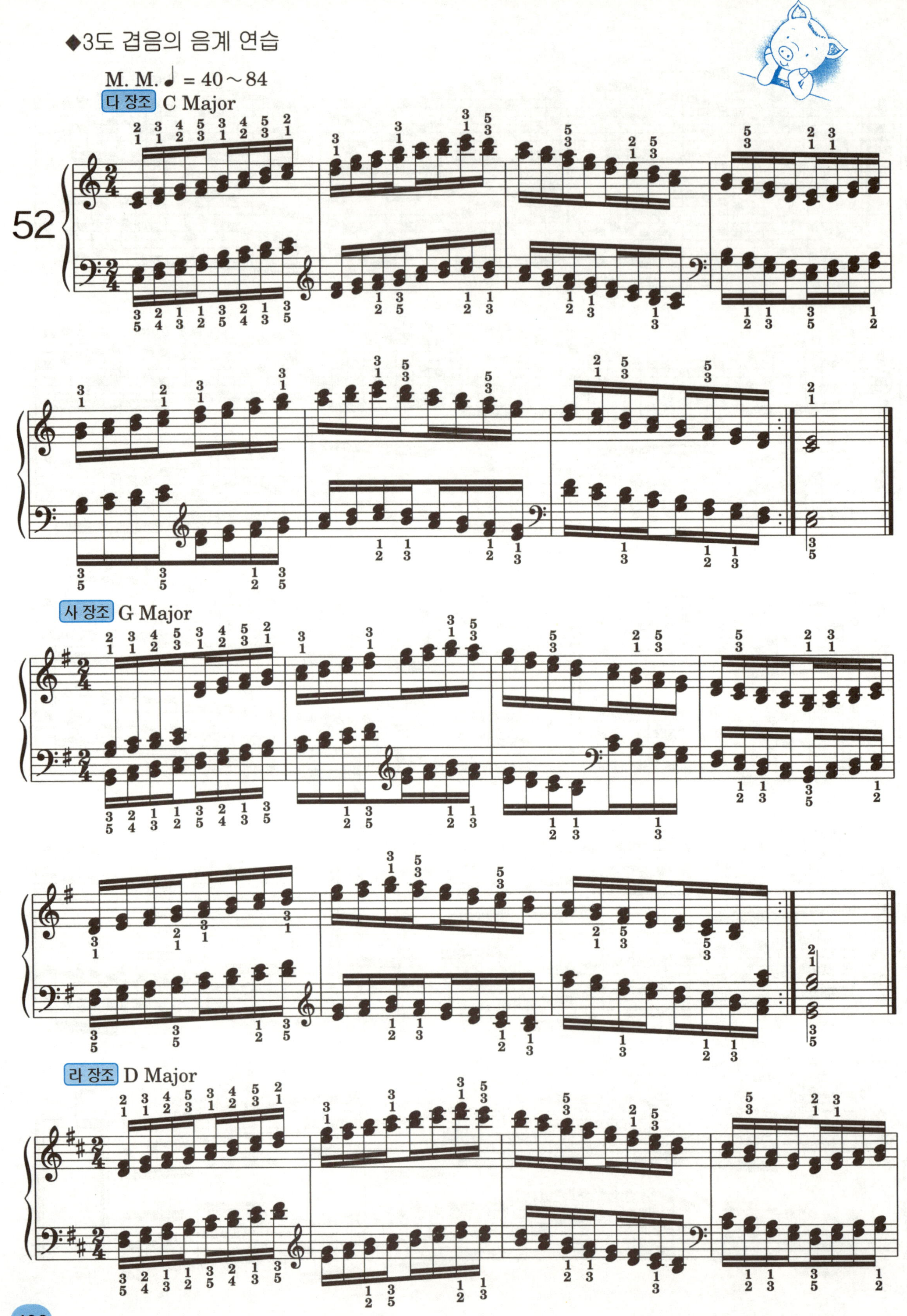

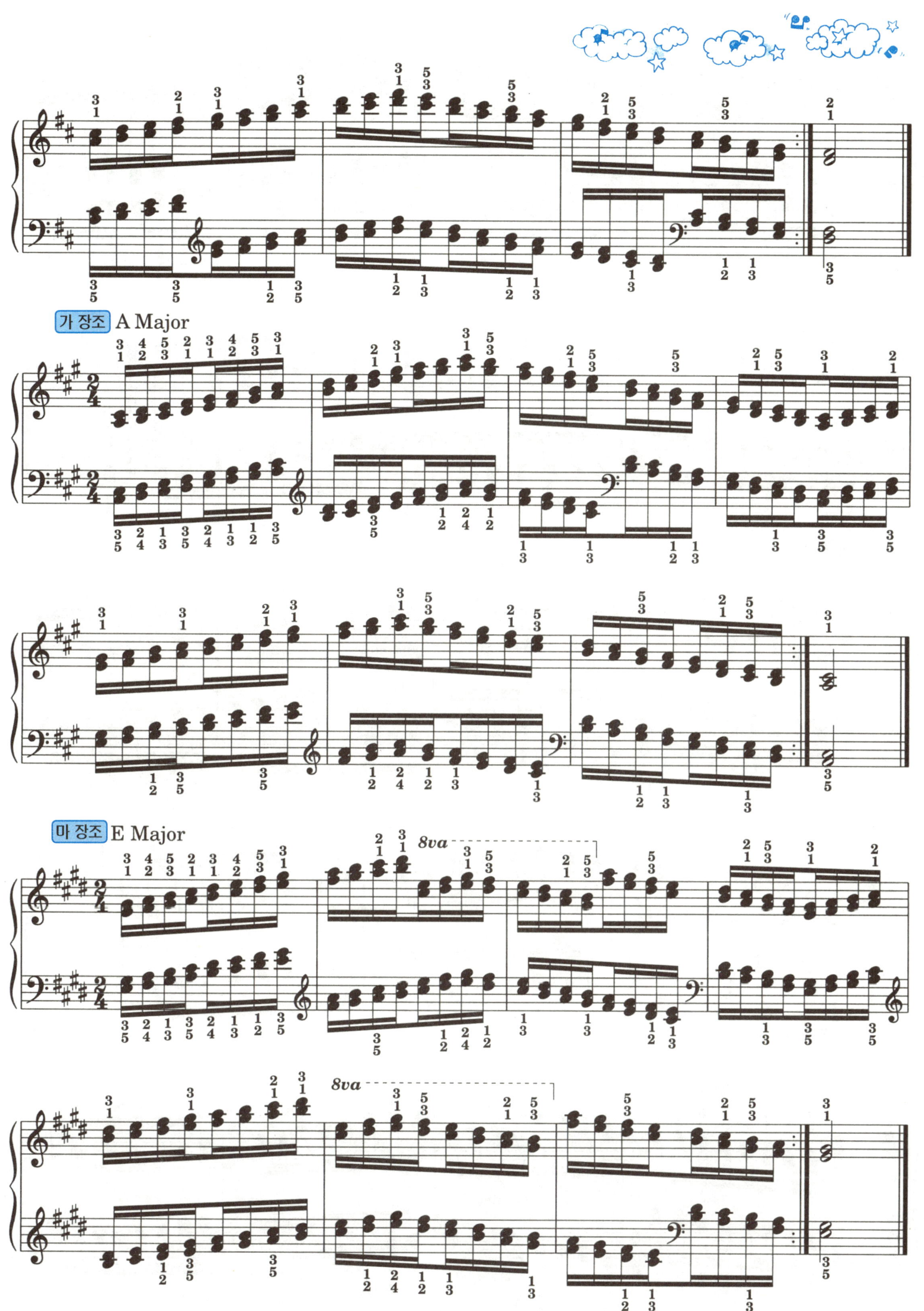

● 음을 고르게 해서 부드럽게 치는 연습입니다. 익숙해질 때까지 연습하는 것이 중요합니다.

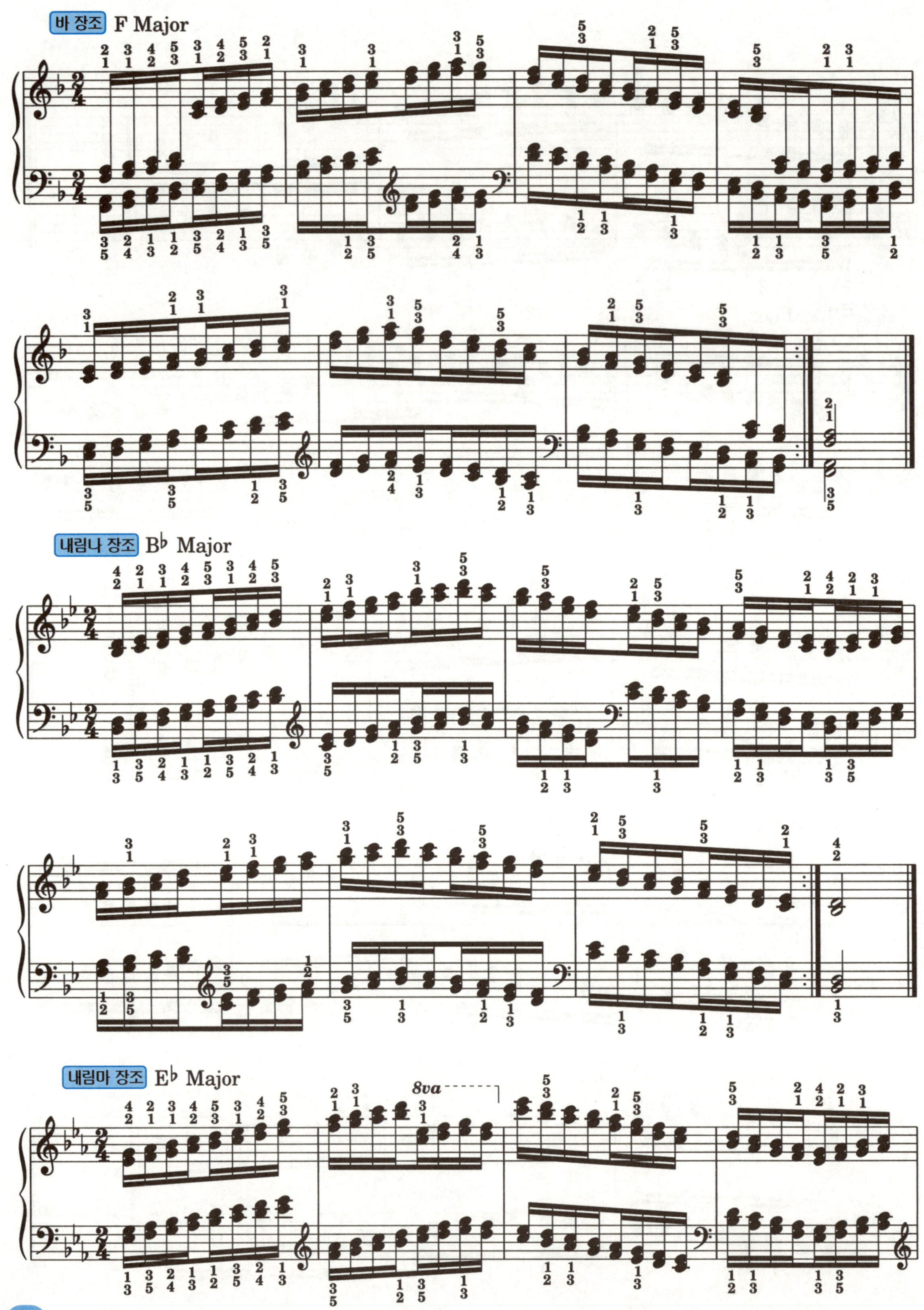

바 장조 F Major
내림나 장조 B♭ Major
내림마 장조 E♭ Major
8va

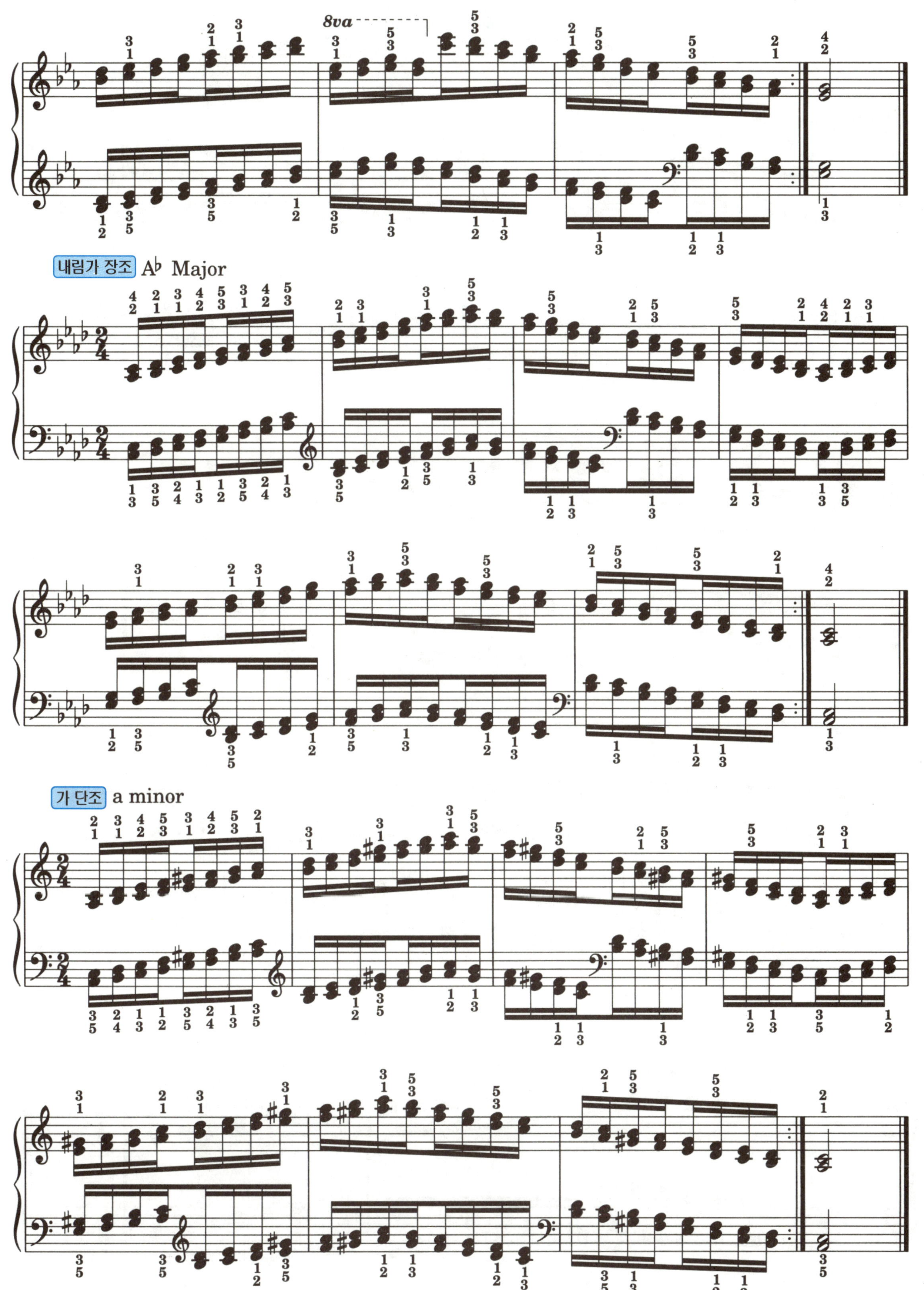

8va
내림가 장조 A♭ Major
가 단조 a minor

라 단조 d minor

사 단조 g minor

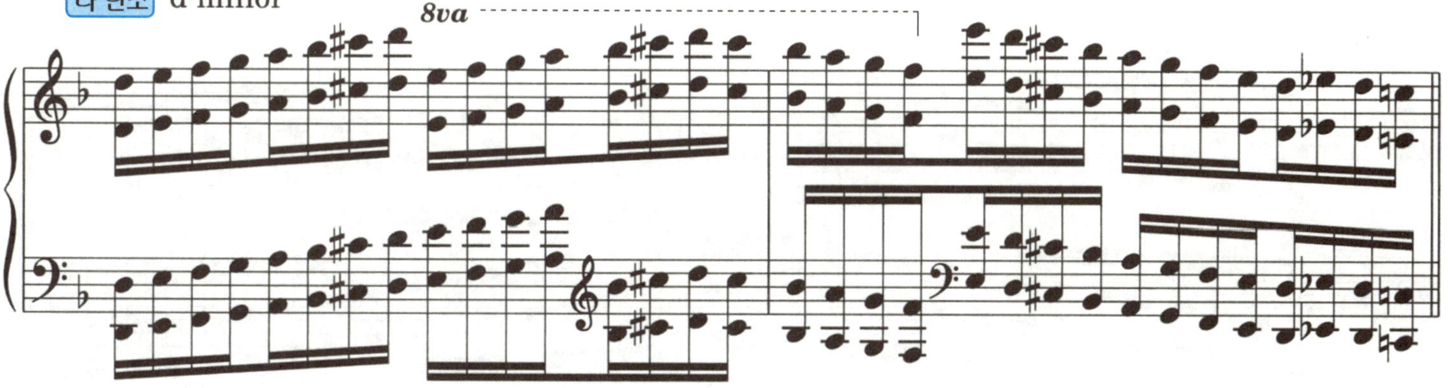

● 옥타브의 음계로 검은건반을 칠 때는 양손 모두 1·4번 손가락을 사용합니다.

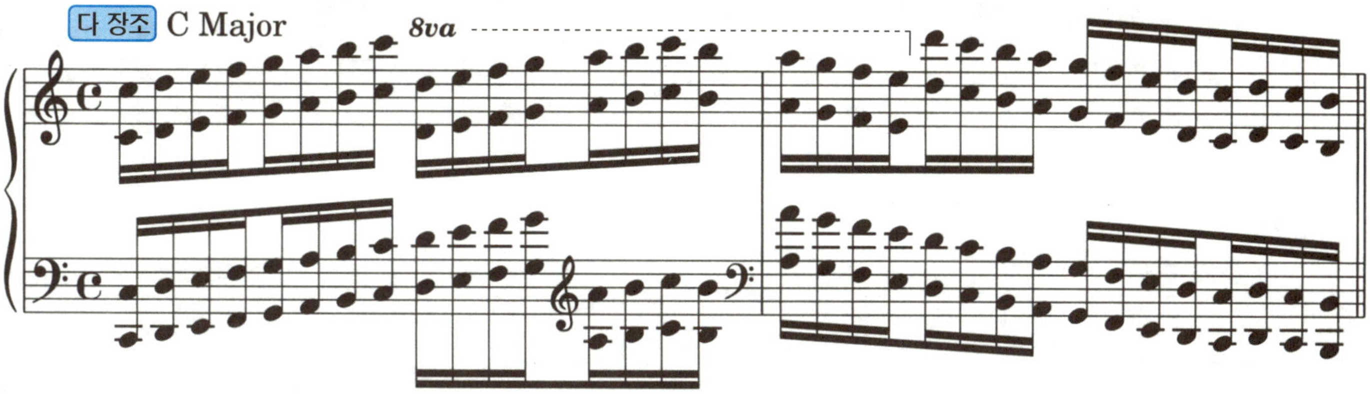

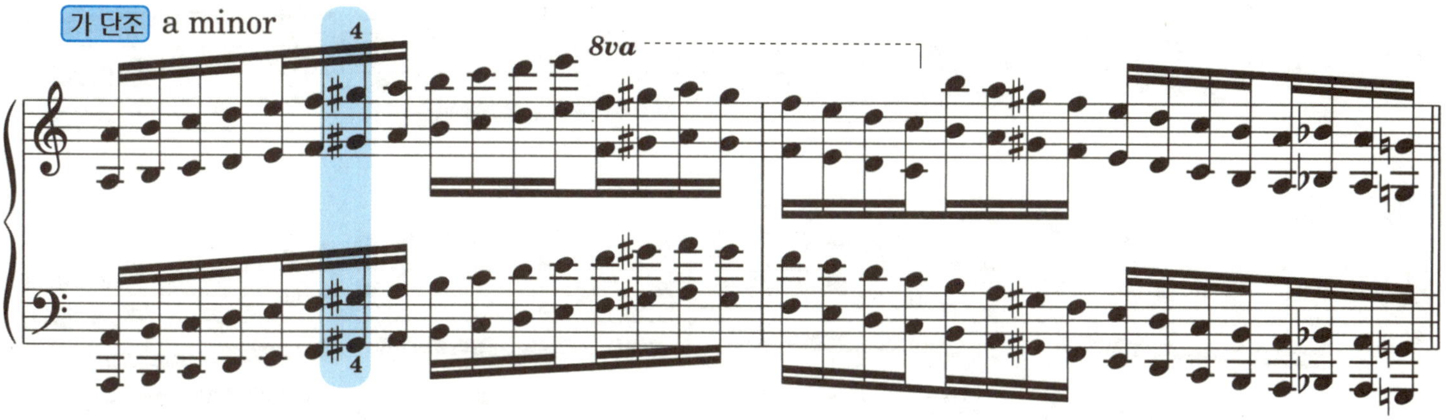

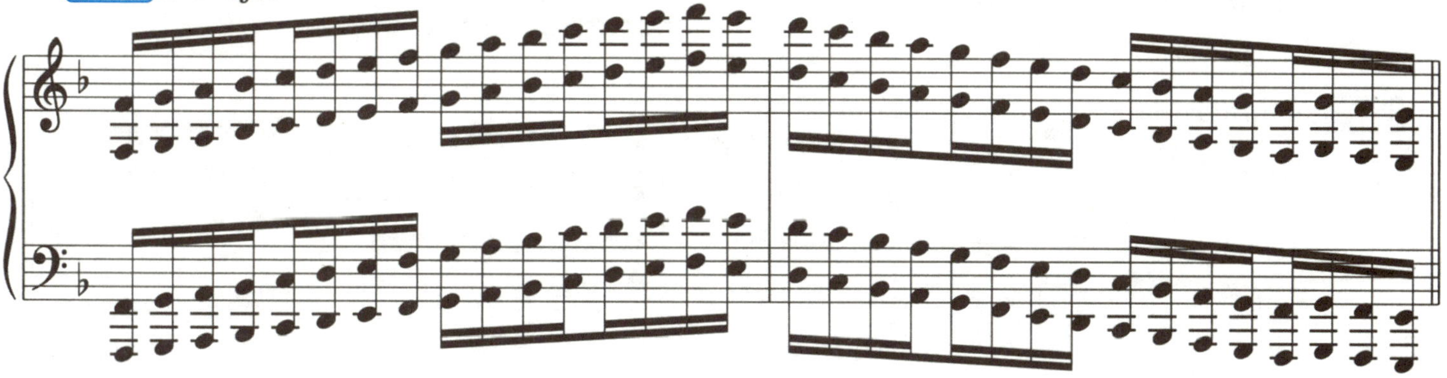

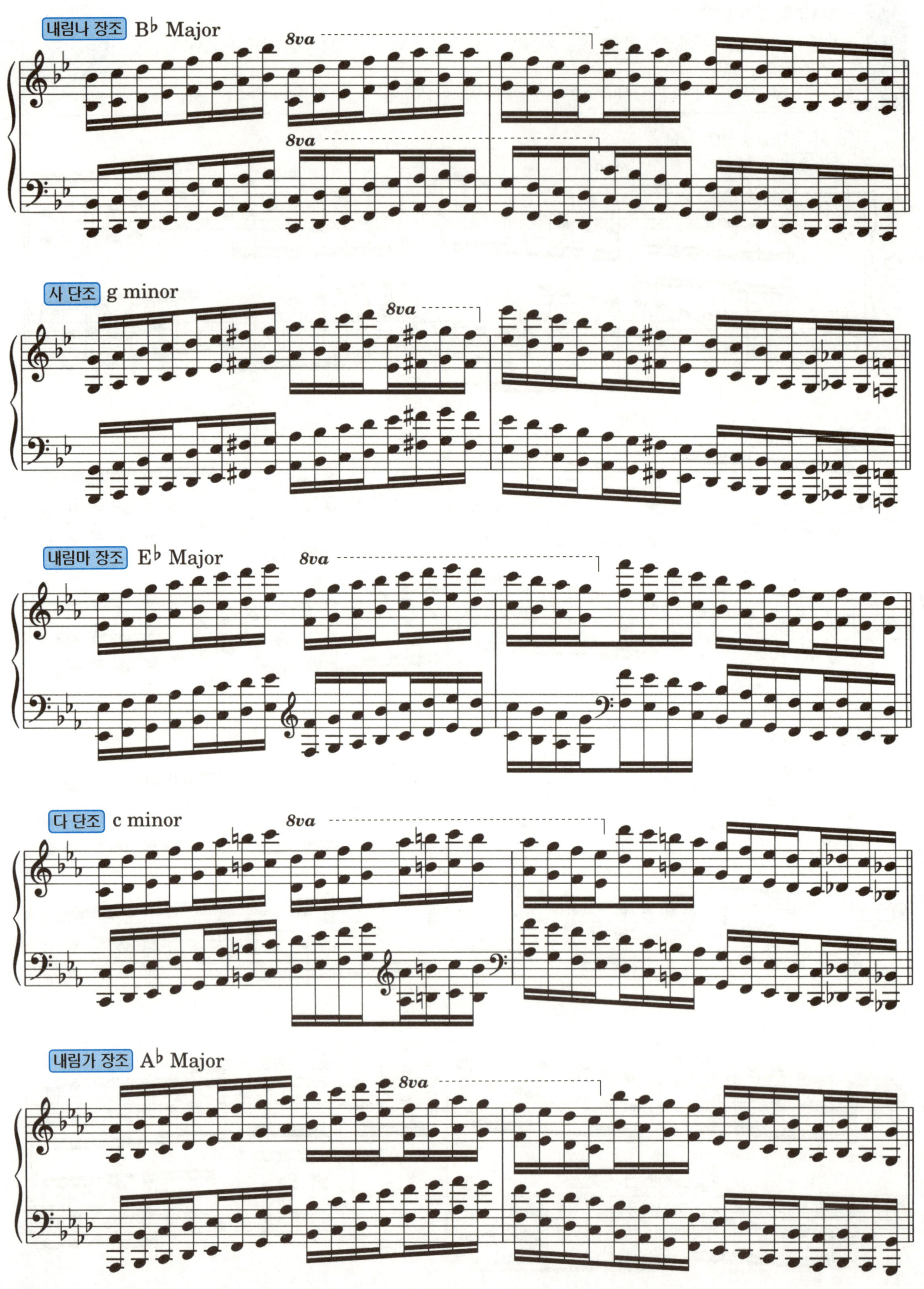

내림나 장조 B♭ Major
8va
8va
사 단조 g minor
8va
내림마 장조 E♭ Major
8va
다 단조 c minor
8va
내림가 장조 A♭ Major
8va

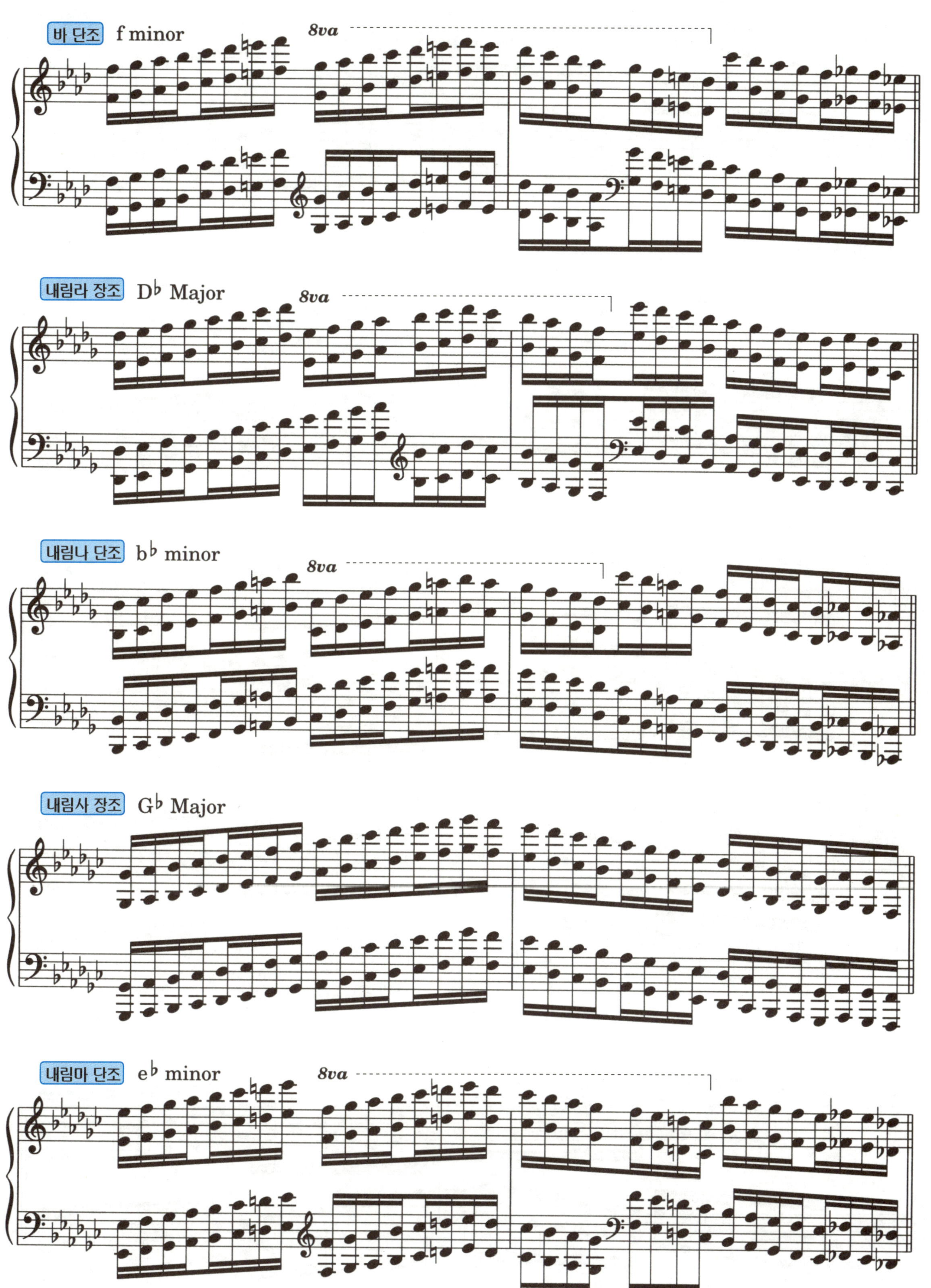

바 단조 f minor
8va
내림라 장조 D♭ Major
8va
내림나 단조 b♭ minor
8va
내림사 장조 G♭ Major
내림마 단조 e♭ minor
8va
133

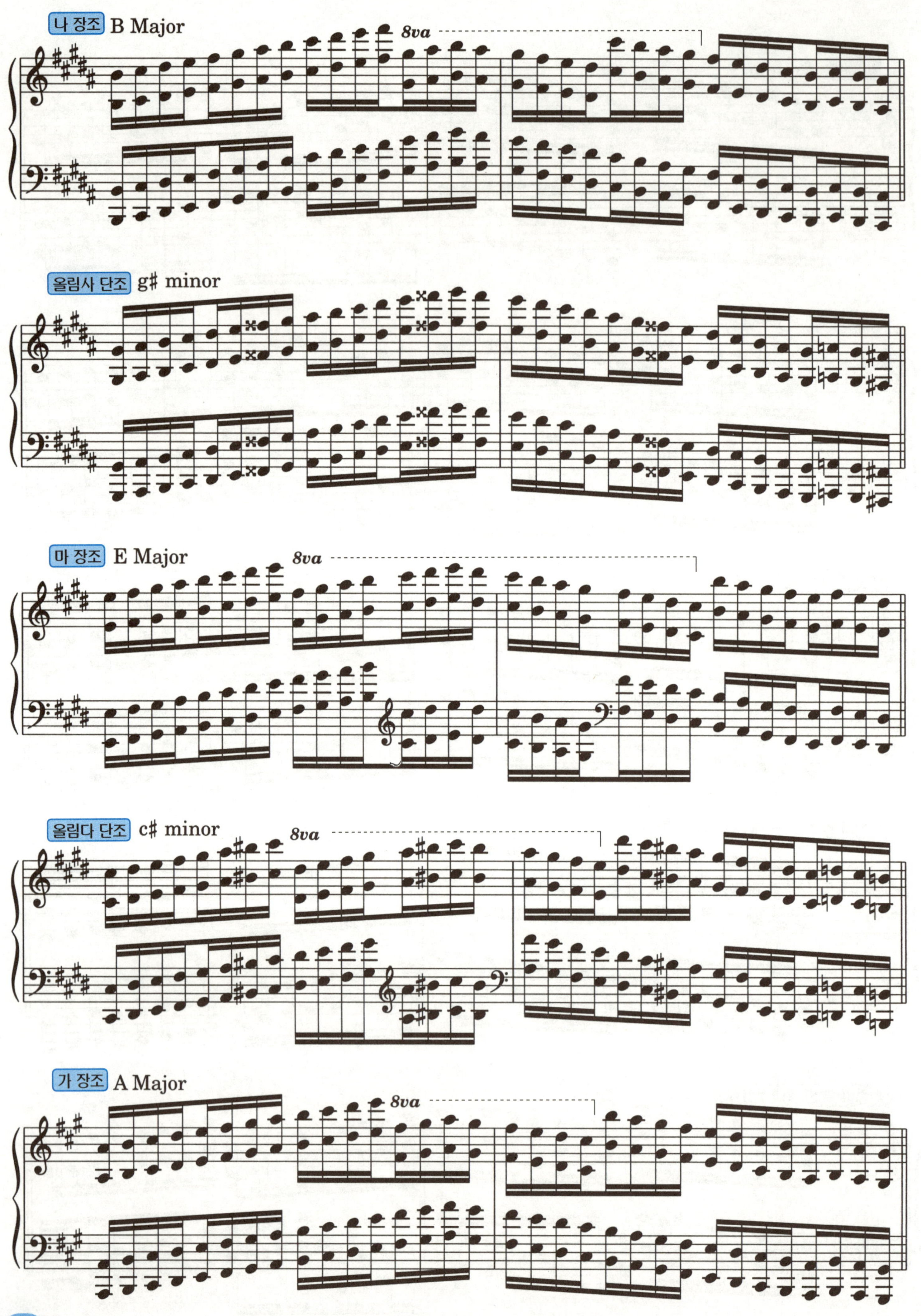
나 장조 B Major
8va
올림사 단조 g# minor
마 장조 E Major
8va
올림다 단조 c# minor
8va
가 장조 A Major
8va

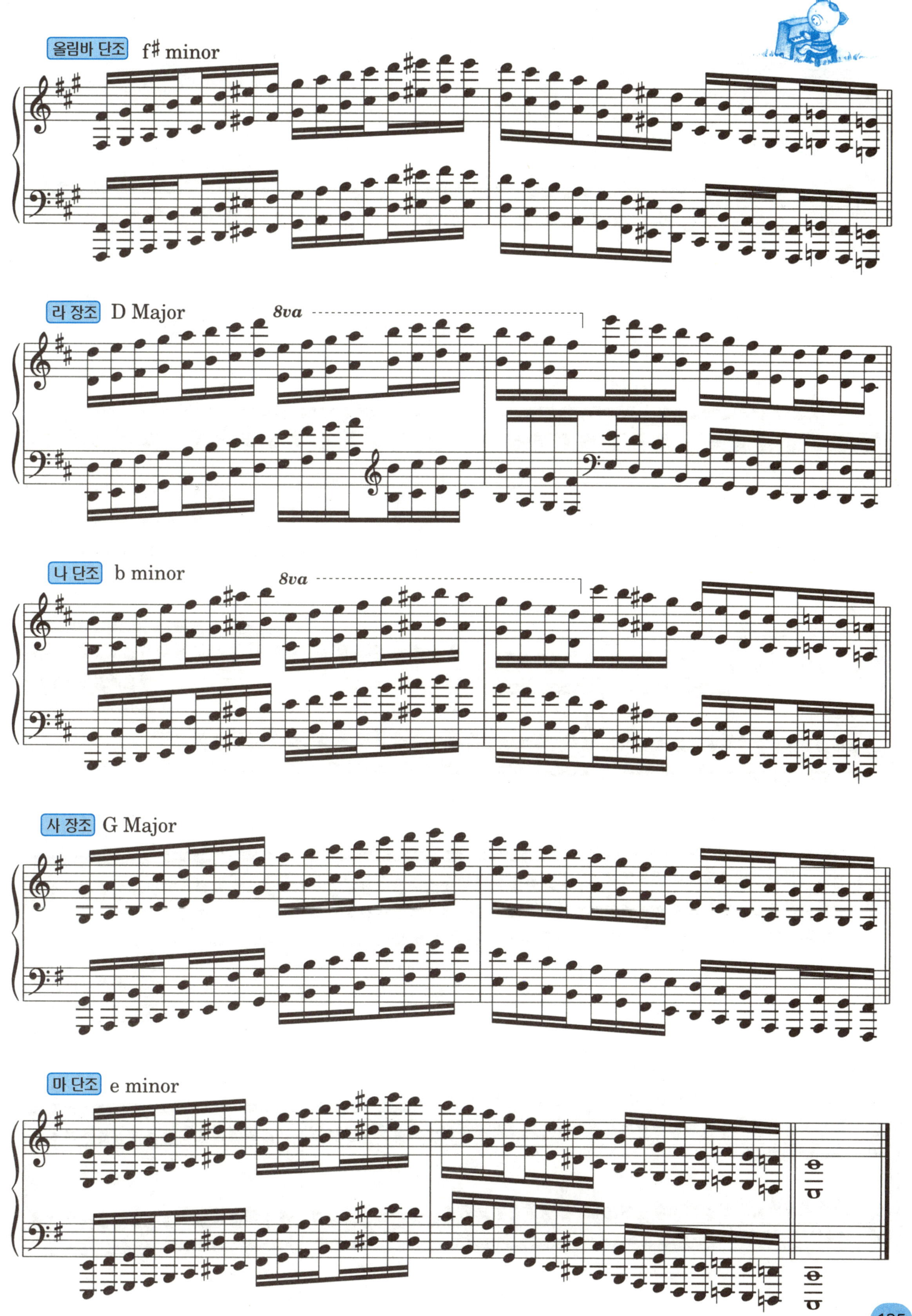
올림바 단조 f♯ minor
라 장조 D Major
8va
나 단조 b minor
8va
사 장조 G Major
마 단조 e minor

◆3도 겹음의 트릴 연습

M. M. ♩ = 40∼92

54

● 각 3도가 또렷이 들리면서 고르게 되도록 칩니다.

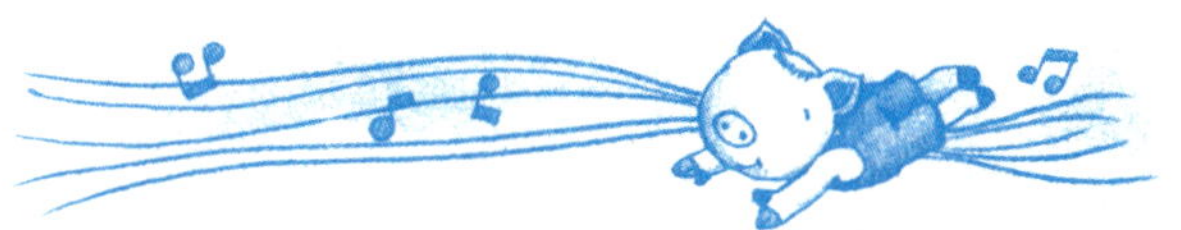

• 오른손 4도 겹음과 왼손 3도 겹음이 뚜렷이 들리도록 잘 맞추어 치세요.

◆4중 트릴의 특별한 손가락 쓰기 연습
legato

펼침 옥타브에 의한 음계 연습(24개의 조)

쉬지 말고 전체를 한꺼번에 치도록 합니다.
이 연습은 매우 중요한 것으로 트레몰로의 손목 연습도 됩니다.

M. M. ♩ = 60 ～ 120

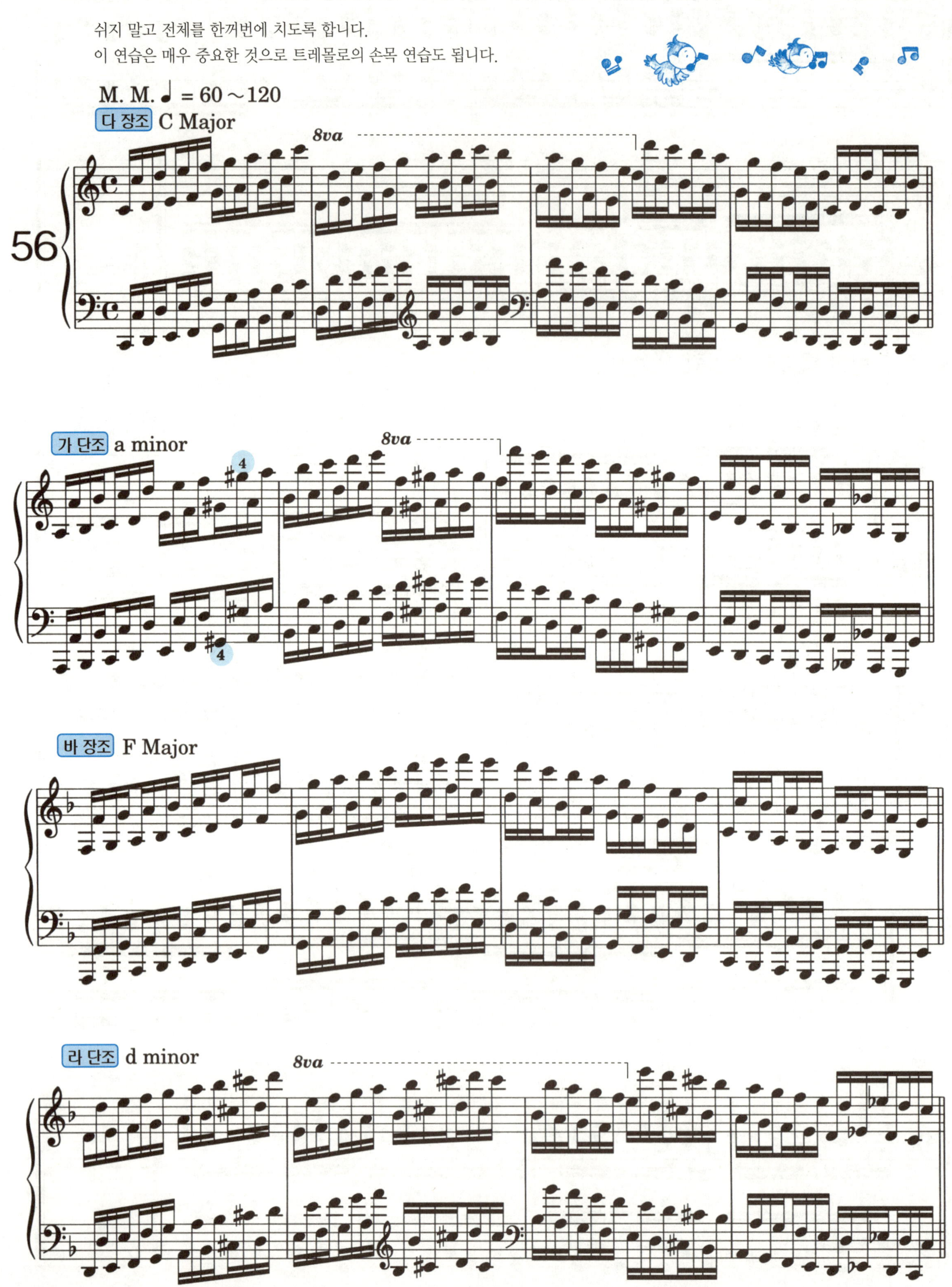

검은건반은 4번 손가락으로 칩니다.

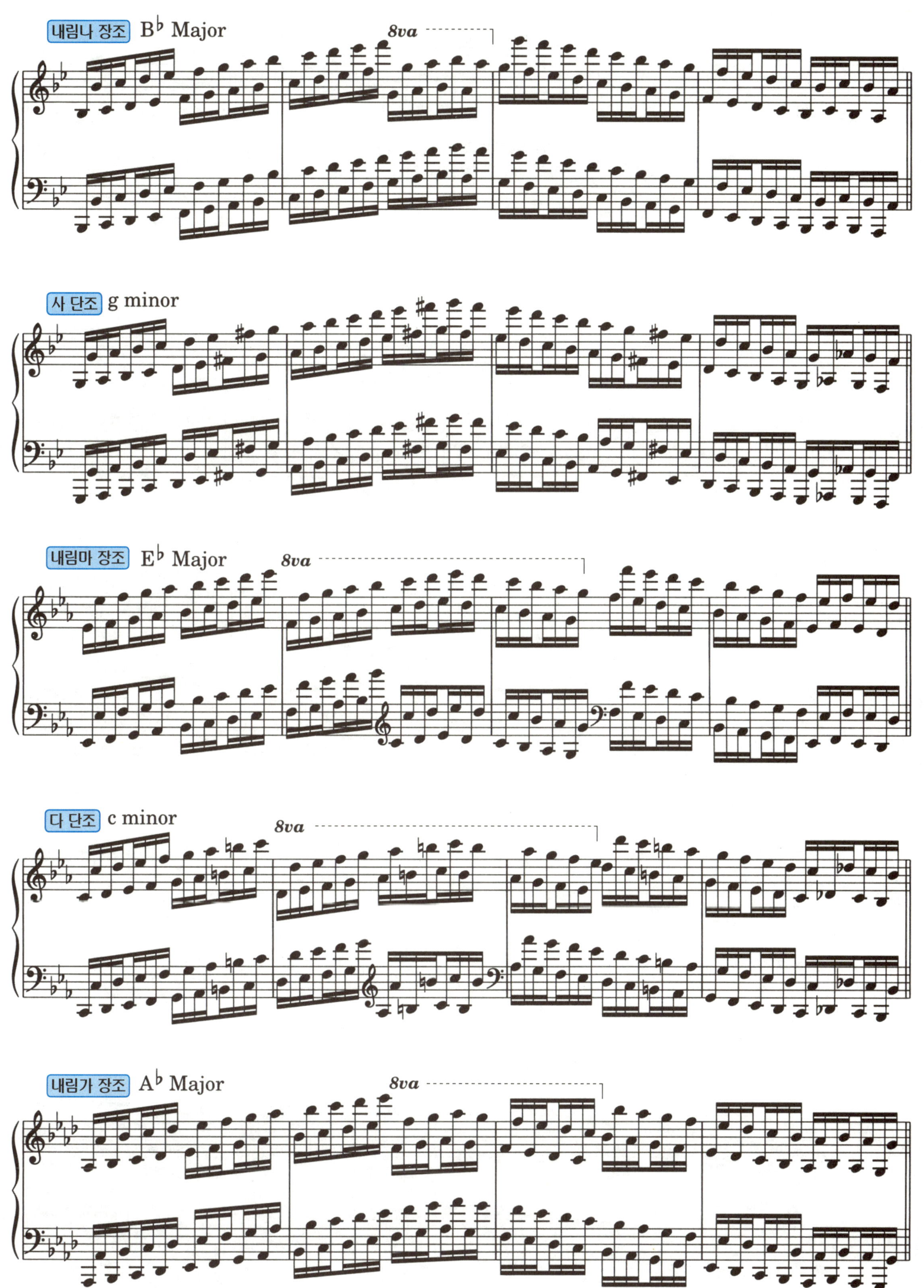

내림나 장조 B♭ Major
8va
사 단조 g minor
내림마 장조 E♭ Major
8va
다 단조 c minor
8va
내림가 장조 A♭ Major
8va

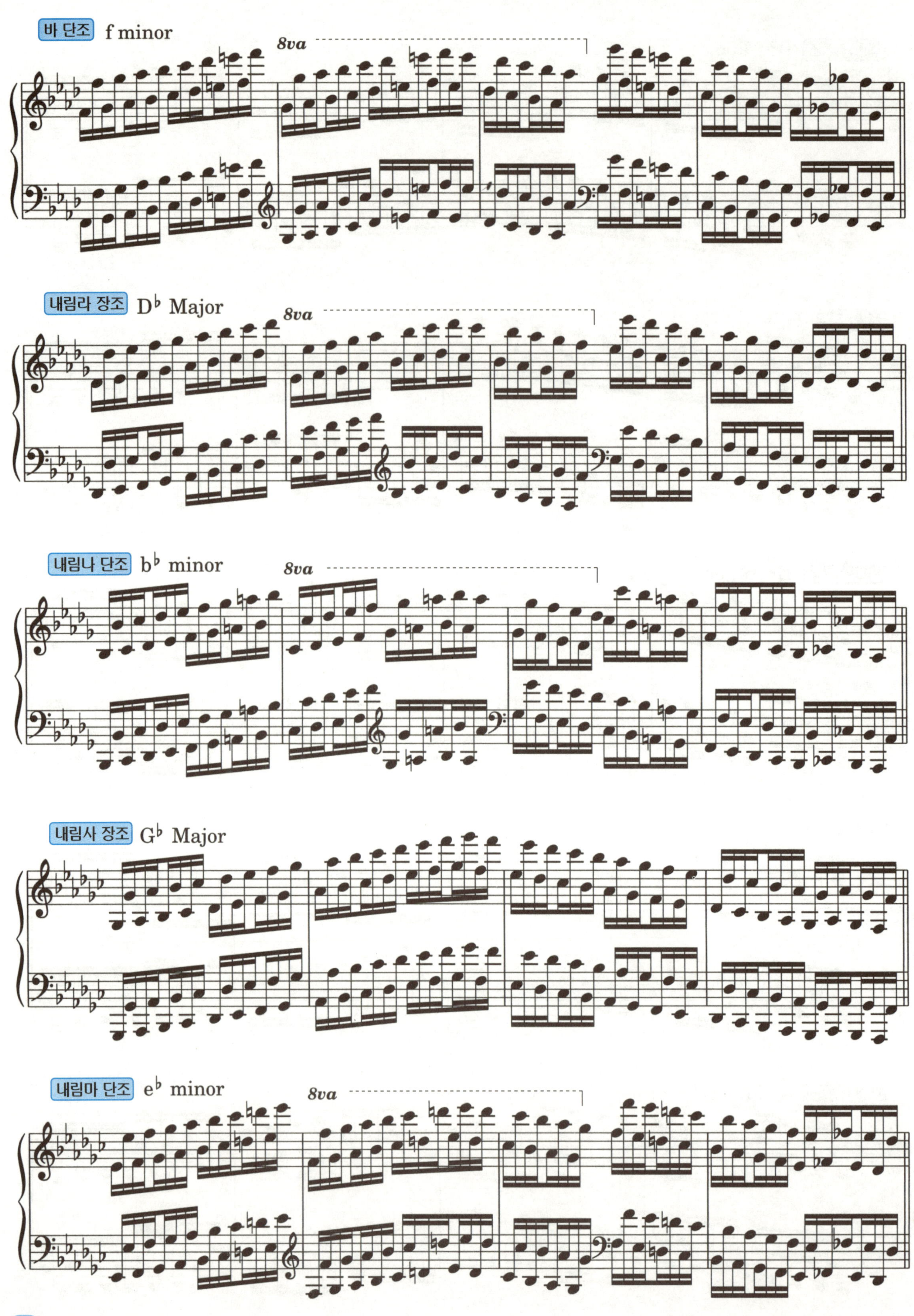

바 단조 f minor
8va
내림라 장조 D♭ Major
8va
내림나 단조 b♭ minor
8va
내림사 장조 G♭ Major
내림마 단조 e♭ minor
8va

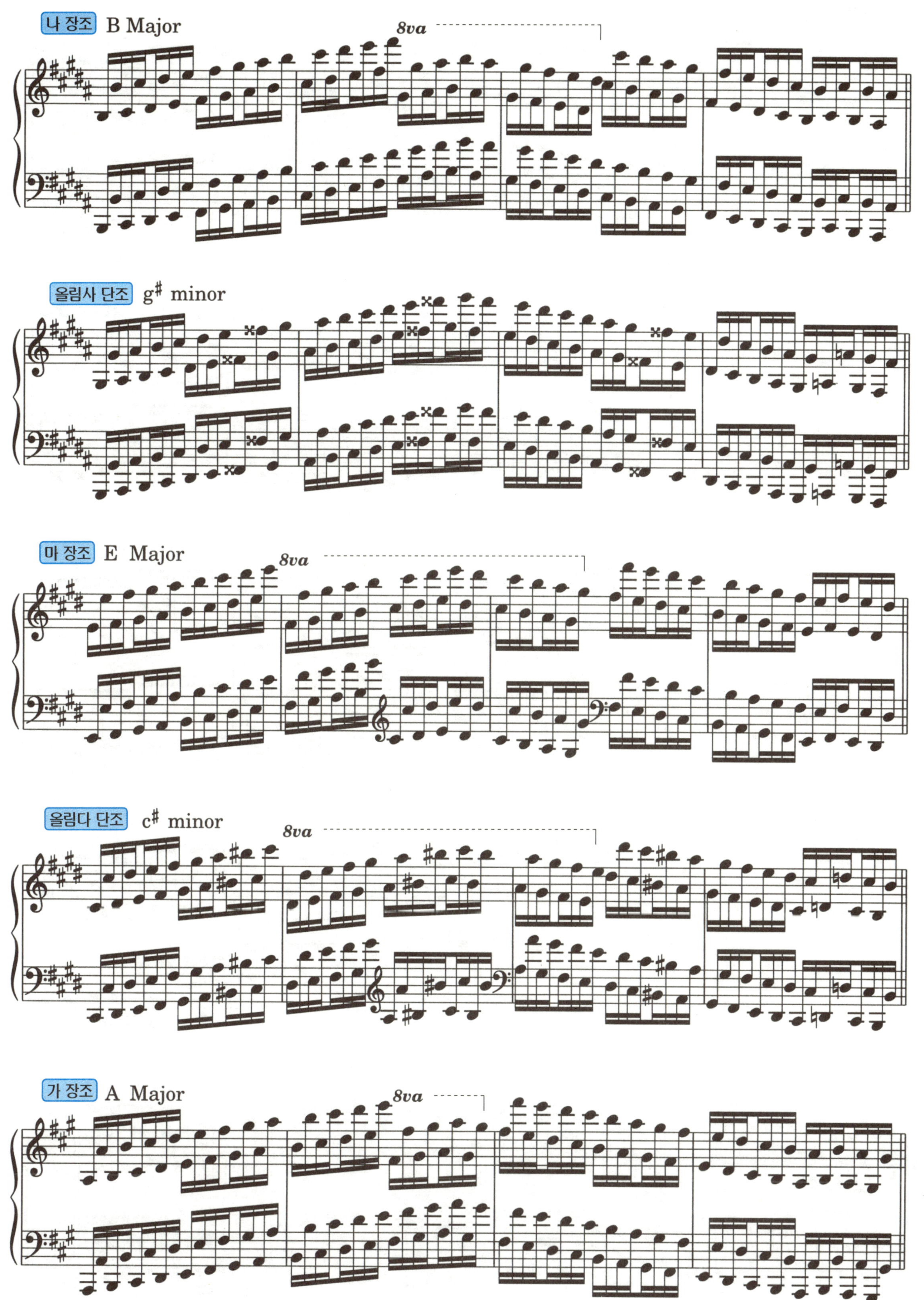

나 장조 B Major
8va
올림사 단조 g# minor
마 장조 E Major
8va
올림다 단조 c# minor
8va
가 장조 A Major
8va
143

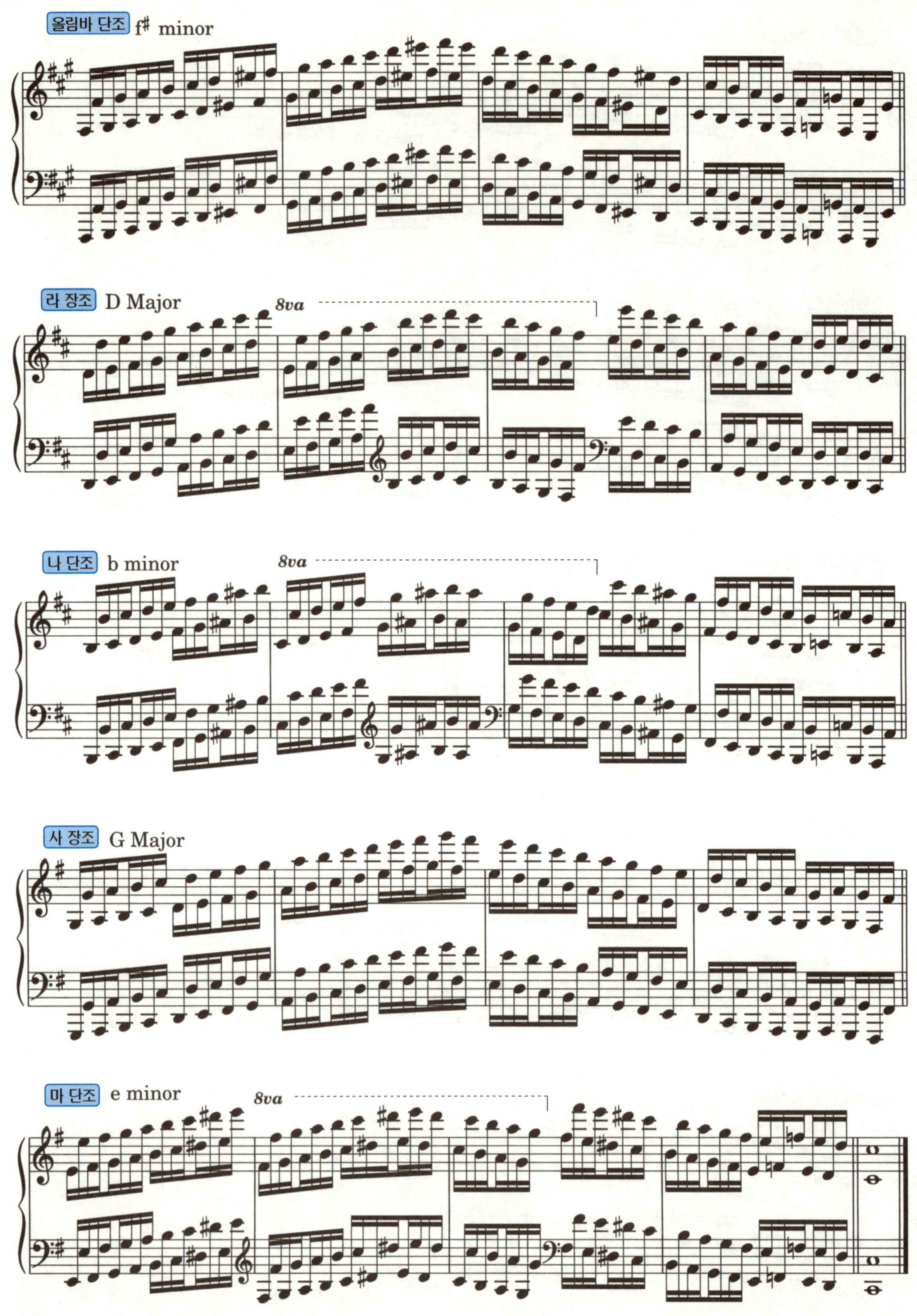
올림바 단조 f# minor
라 장조 D Major
8va
나 단조 b minor
8va
사 장조 G Major
마 단조 e minor
8va
144

옥타브에 의한 펼침 아르페지오 연습

우선 다장조의 아르페지오부터 연습을 합니다.

24개의 아르페지오를 연습하고, 그다음에 전부를 계속해서 칩니다.

M. M. ♩ = 40〜72

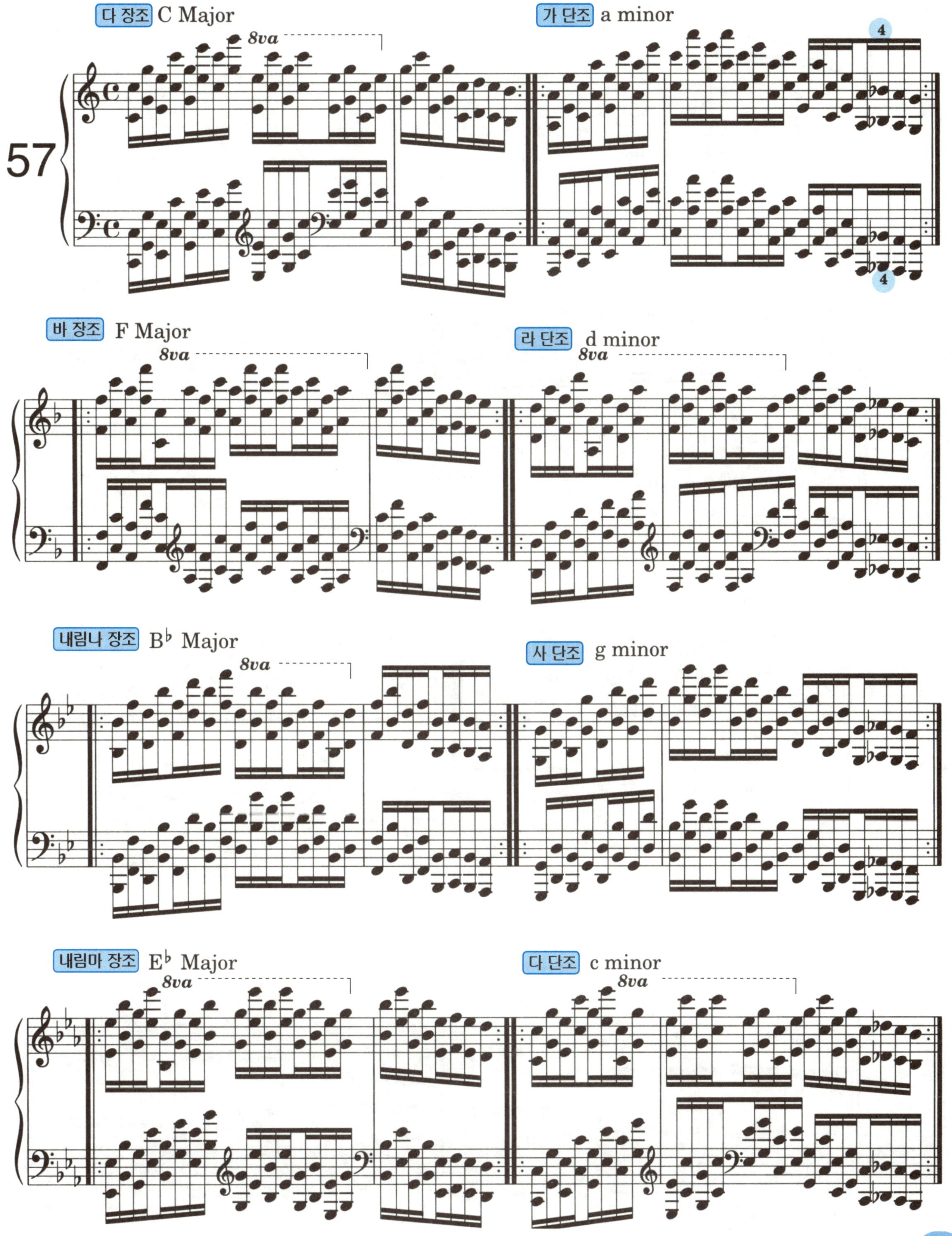

57

● 각 3도가 또렷이 들리면서 고르게 되도록 칩니다.

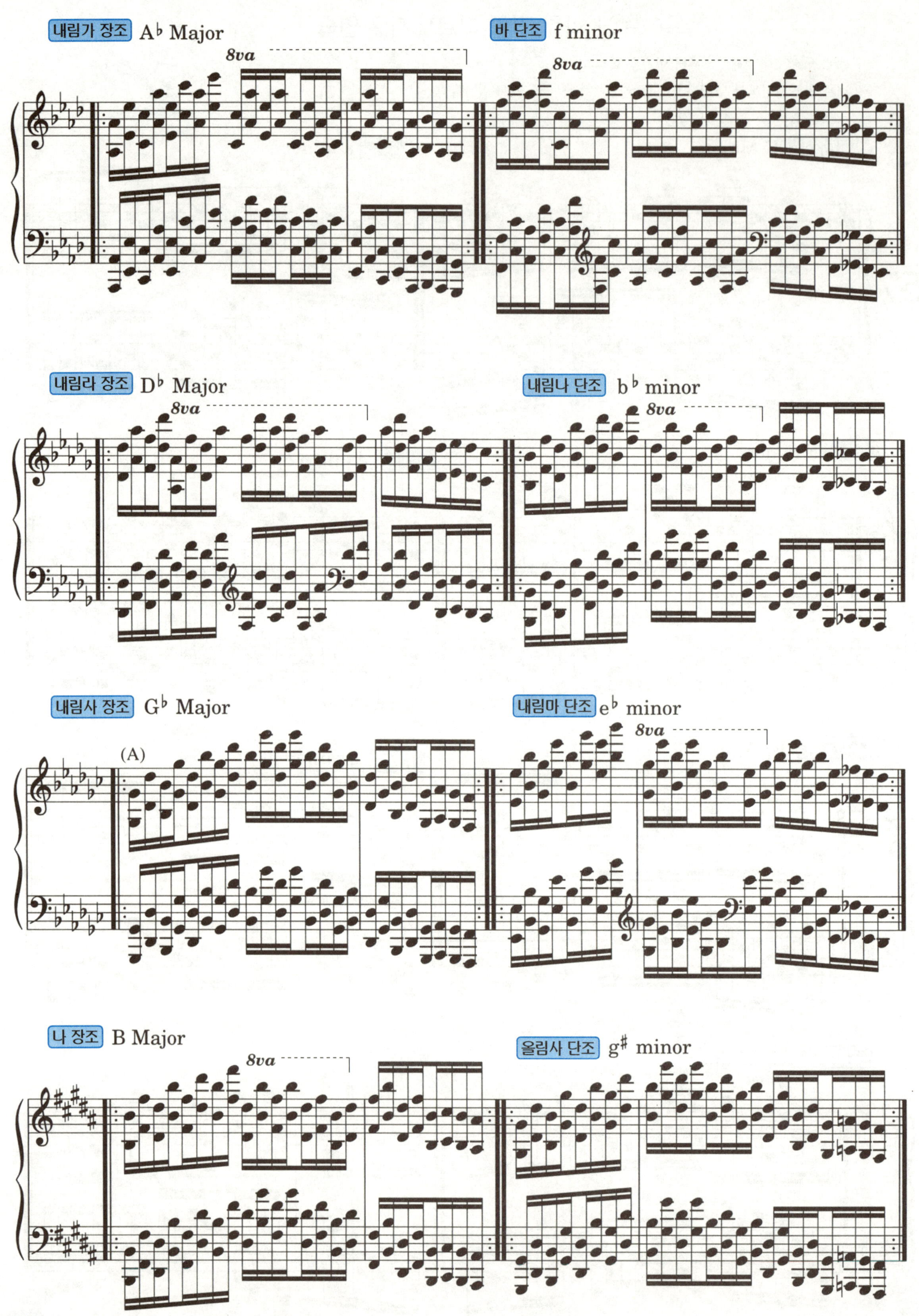

● 내림사장조와 내림마단조는 모두 검은건반을 치게 되므로 4, 5번 모두 사용할 수 있습니다.

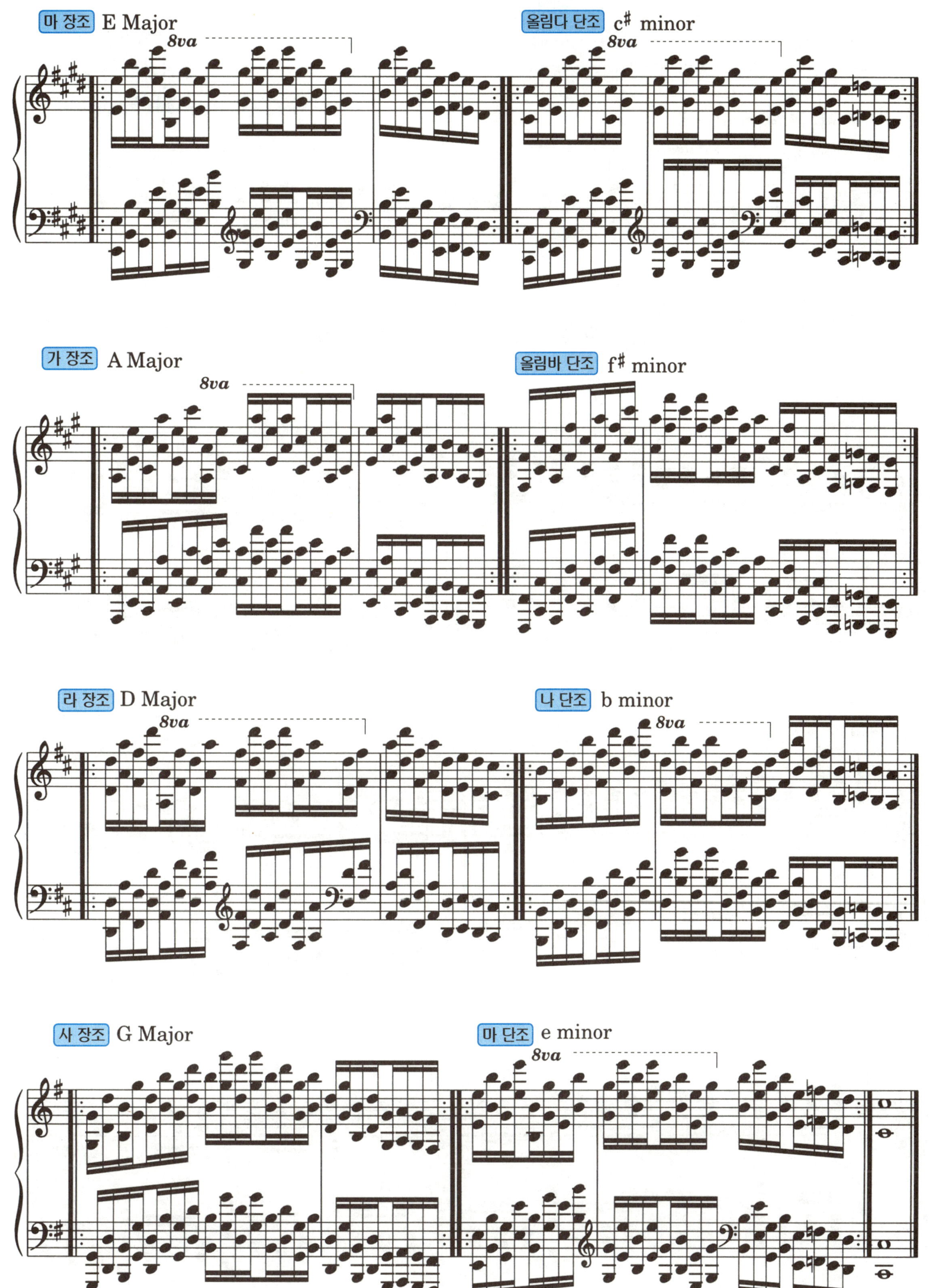
마 장조 E Major
8va
올림다 단조 c♯ minor
8va
가 장조 A Major
8va
올림바 단조 f♯ minor
라 장조 D Major
8va
나 단조 b minor
8va
사 장조 G Major
마 단조 e minor
8va

옥타브 유지 연습

옥타브 연습은 매우 중요합니다. 옥타브를 누른 상태에서 가운뎃손가락을
사용할 때 손에 힘을 주지 않도록 주의합니다.

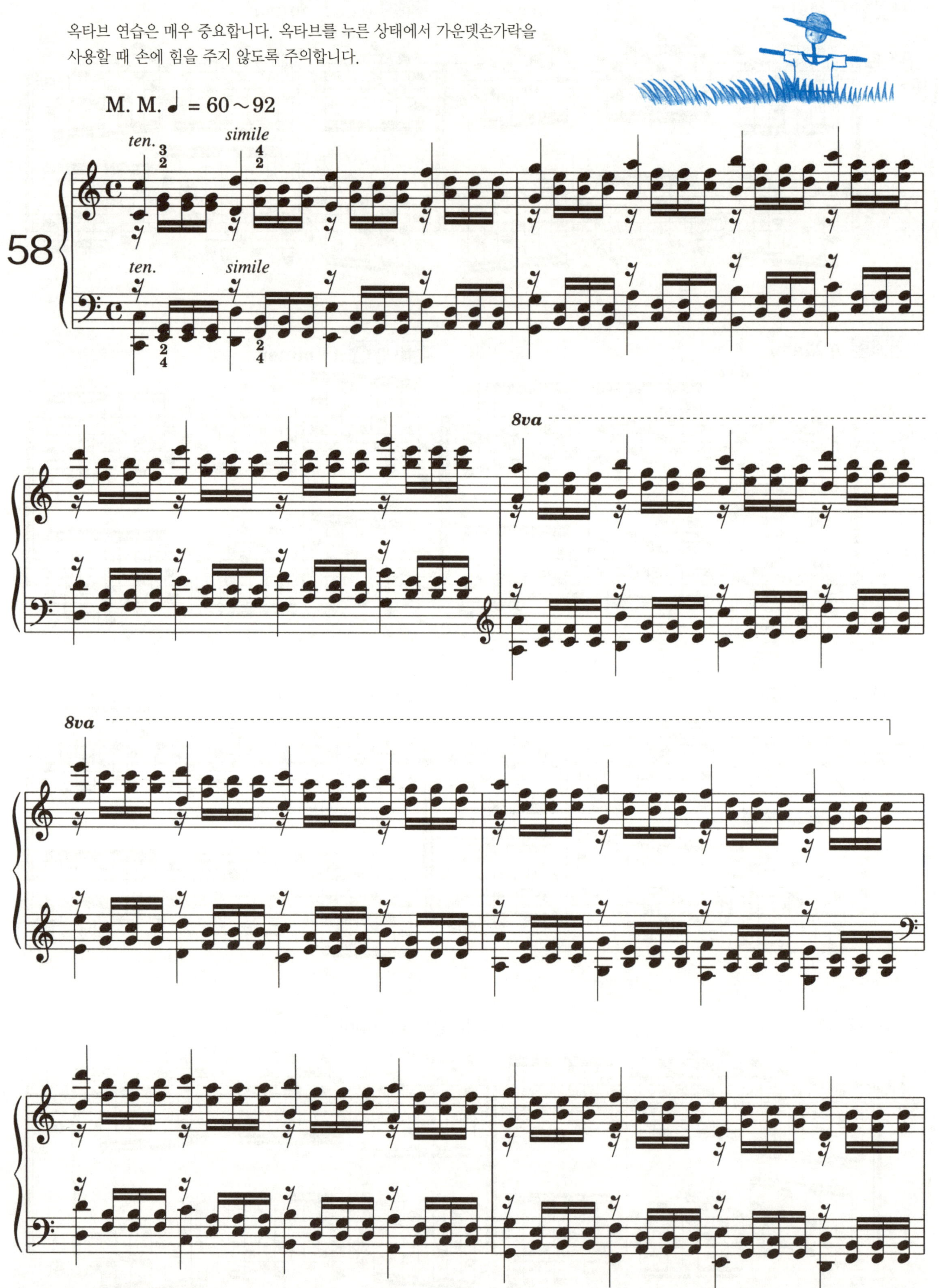

● 옥타브를 누른 채 손목을 움직이지 말고 손가락(2·3번과 4·2번)만을 잘 움직여 중간 음을 또렷하게 나도록 합니다.

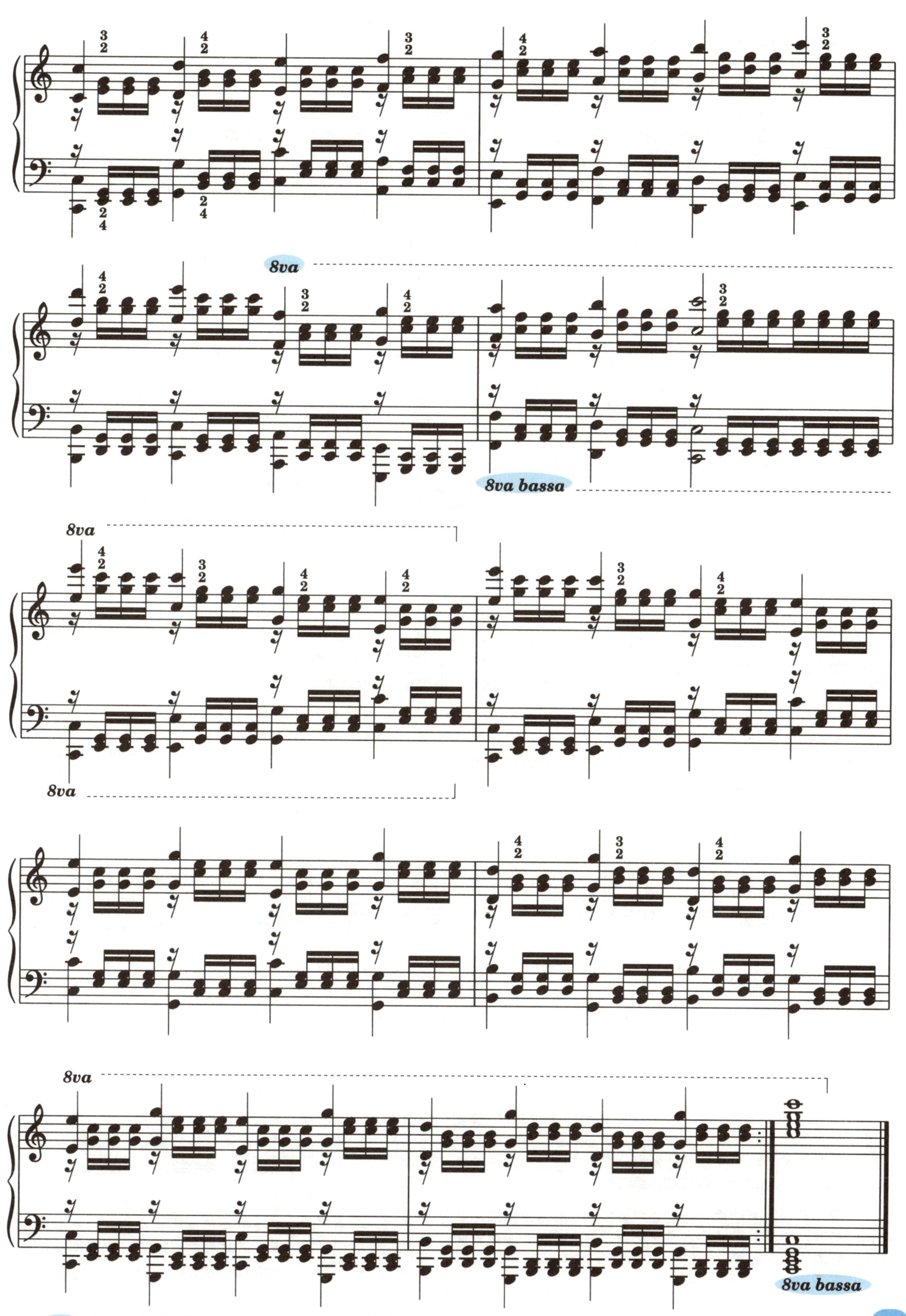

● *8va*는 1옥타브 높게, *8va bassa*는 1옥타브 낮게 연주합니다.

◆6도 겹음의 트릴 연습

M. M. ♩ = 40〜84

59

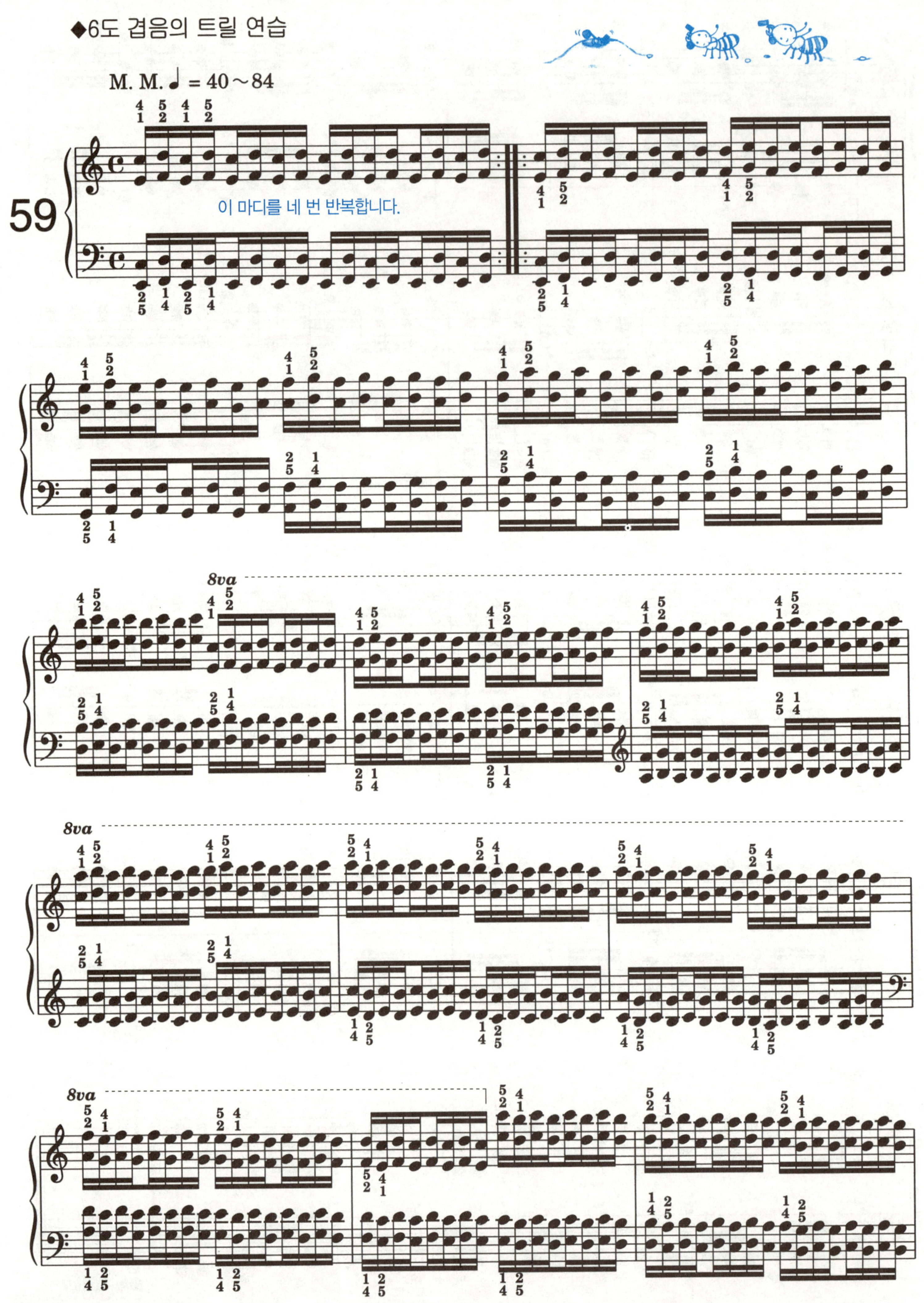

● 양손의 1·4번과 2·5번 손가락을 벌리기 위한 연습입니다. 손이나 손목은 움직이지 않도록 합니다.

M. M. ♩ = 40~84
simile
simile
8va
8va
simile
simile
8va
8va

트레몰로

M. M. ♩ = 48～72

60

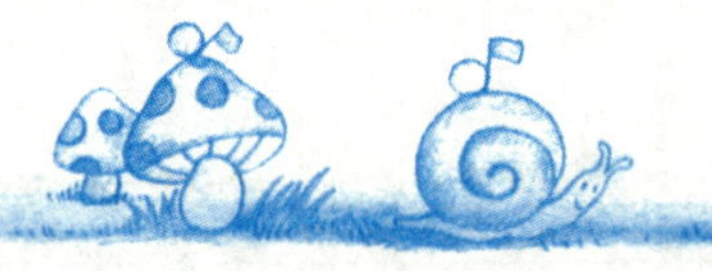

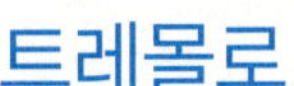

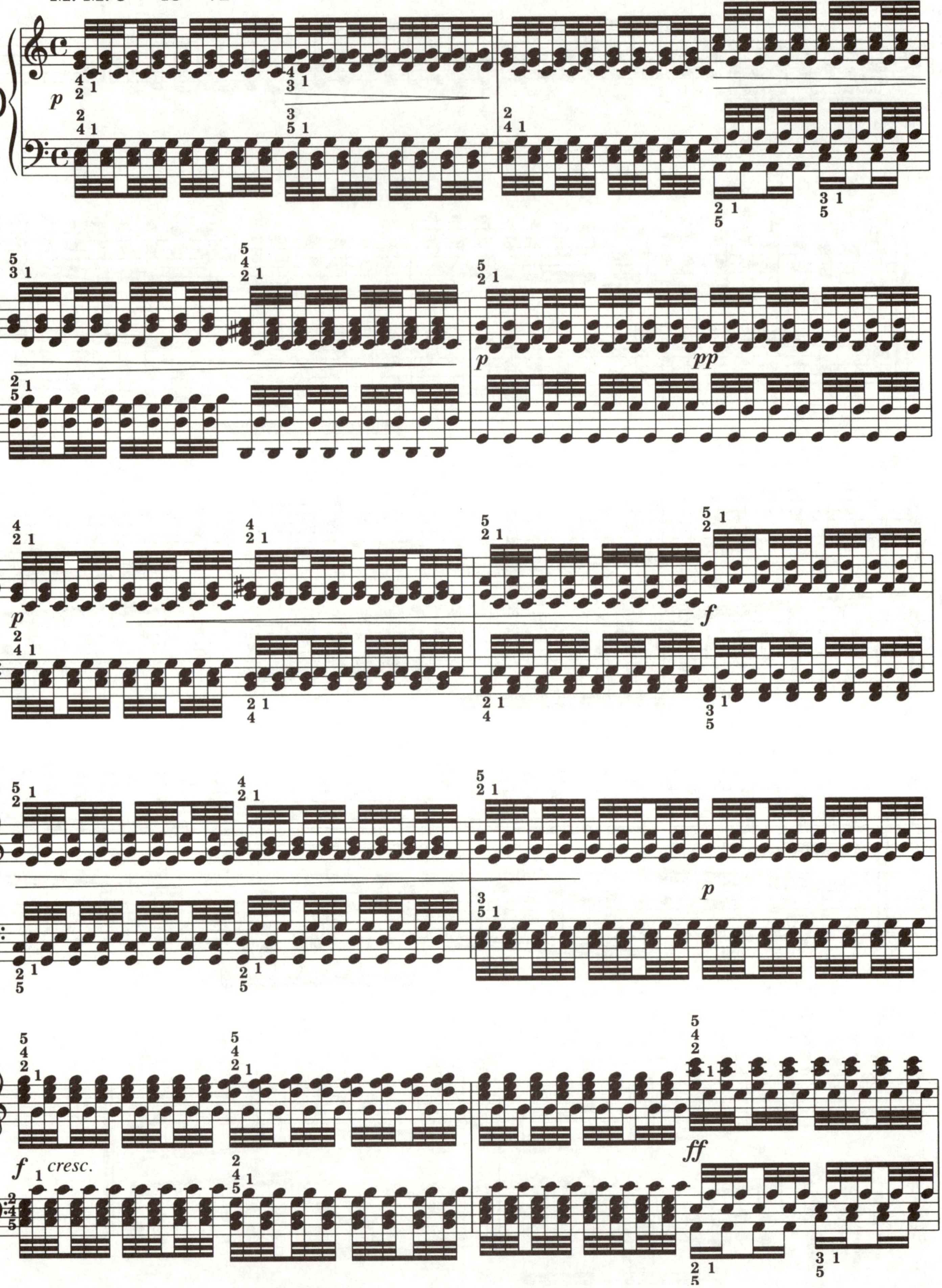

● 트레몰로를 잘 연주하려면 북을 연타하듯 빠른 템포로 쳐야 합니다.
처음에는 느린 속도로 연습하다가 익숙해지면 점차 빠른 템포로 ♩=72까지 연습하세요.

p
cresc.
f
p
pp
cresc.
mf
pp
smorz.

p
poco rit.
a tempo
pp
p
pp
perdendosi
8va bassa

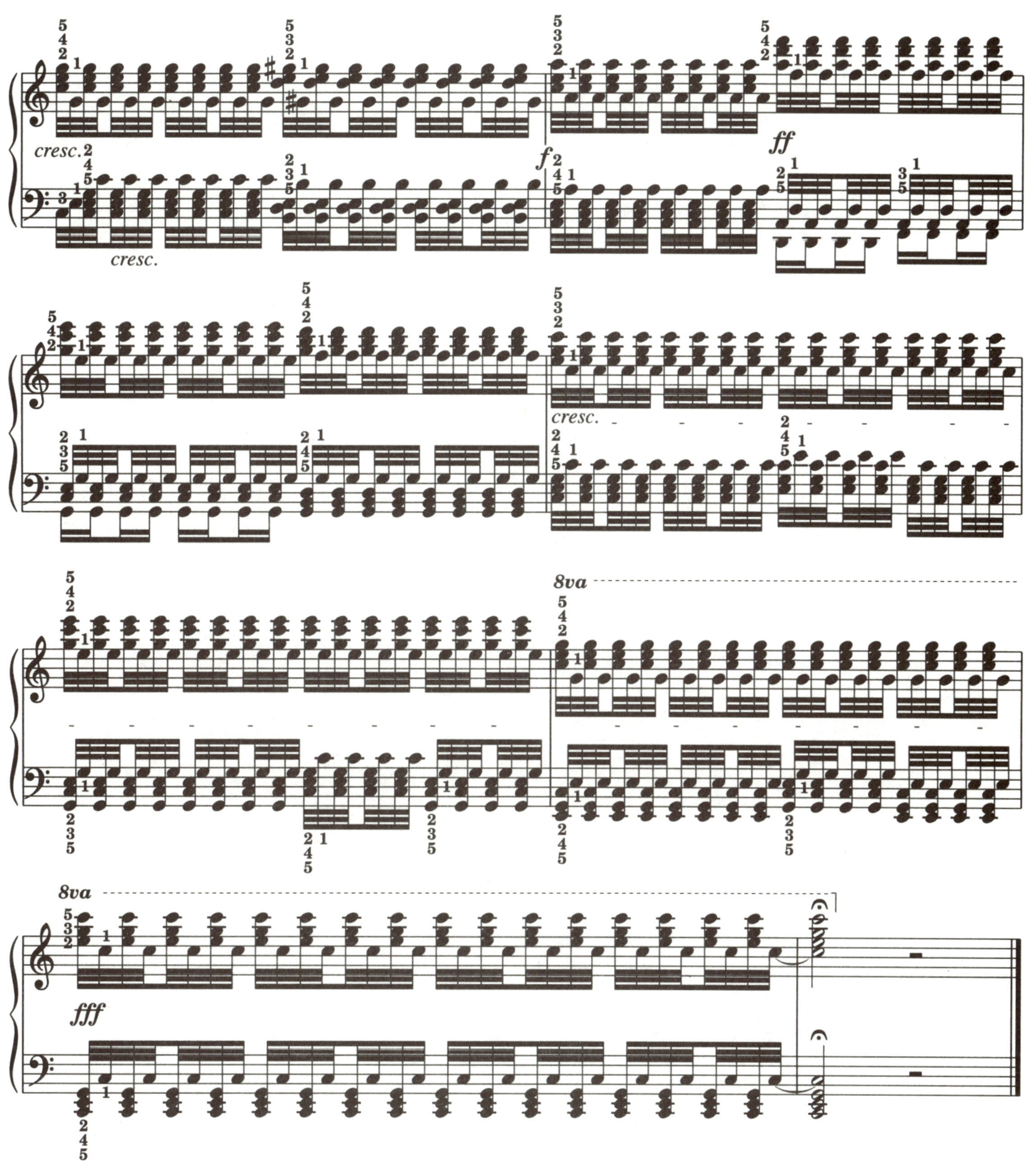

맺는 말

이제 여러분은 이 책을 모두 마스터한 셈인데 "메커니스틱한 어려움," 즉 기교를 부린다는 것이 얼마나 어려운 일인가를 잘 알게 되었을 것입니다. 그러나 실제로 자신이 공부한 것의 결실을 얻으려면 "일정 기간 동안" 매일 이 책의 전부를 쳐야 합니다. 전부를 친다 해도 불과 2시간이면 충분합니다. 많은 수확을 거두기 위한 일이라면 극히 적은 노력에 불과합니다. 위대한 피아니스트들도 자신의 실력을 유지하기 위해서 하루에 몇 시간씩 연습하는 데 시간을 할애한다고 합니다. 하루에 한 번 이 책 전부를 권한다 해도 결코 무리한 요구는 아닐 것입니다.

60

발행일 2025년 4월 10일
발행인 남 용
발행처 일신서적출판사
주 소 서울시 마포구 독막로 31길 7
등 록 1969년 9월 12일 (No. 10-70)
전 화 (02) 703-3001~5 (영업부)
          (02) 703-3006~8 (편집부)
F A X (02) 703-3009
I S B N 978-89-366-2906-9 (93670)